Kindle Fire HD - das inoffizielle Handbuch.
Anleitung, Tipps, Tricks
Matthias Matting

Matthias Matting

Kindle Fire HD

das inoffizielle Handbuch. Anleitung, Tipps, Tricks

Kontakt über: kindle@matting.de
Texte, die mit (cs) gekennzeichnet sind,
hat der Fachautor Carsten Scheibe verfasst.
Über Rezensionen freue ich mich sehr.
Satz und Gestaltung: Hanspeter Ludwig, Wetzlar

Inhalt

Vorwort

Liebe Leserin, lieber Leser,
Vielen Dank, dass Sie mein inoffizielles Handbuch zum Kindle Fire HD geöffnet haben, das damit schon in der vierten Auflage vorliegt.

Vielleicht kennen Sie mich bereits als Autor des inoffiziellen Kindle-Handbuchs, das seit über einem Jahr in den Amazon-Top100 platziert und mit 4,5 von 5 Sternen bewertet ist. Ich hoffe, dass Ihnen dieses Buch zum Fire HD ebenso gut gefällt. Mit Fragen oder Kritik erreichen Sie mich stets unter kindle@matting.de oder über *www.facebook.de/KindleHandbuch*.

Nur dank der vielen Hinweise meiner Leser hat das inoffizielle Handbuch zum Kindle fast im Monatsrhythmus neue Auflagen erlebt. Diese Tradition wird weiterleben. Mit Ihrem Kaufbetrag haben Sie auch für dieses Buch quasi ein kostenloses Abonnement für das jeweils Neueste über Ihr nagelneues Tablet erworben. Wenn Sie sich bei mir kurz per E-Mail oder über Facebook registrieren, schreibe ich Ihnen, wenn eine neue Auflage bereitliegt, die Sie dann gratis herunterladen können.

Es würde mich auch freuen, wenn Sie Ihre Erfahrungen mit diesem inoffiziellen Handbuch in Form einer Rezension bei Amazon mit anderen Lesern teilen.

Und damit verabschiede ich mich – bis zur fünften Auflage, deren Erscheinen mit neuen Tipps sicher nicht lange auf sich warten lassen wird.

Viel Spaß mit dem Kindle Fire HD wünscht: Matthias Matting

Neu in der vierten Auflage: Alle Informationen zum Kindle Fire HD 8.9.

Neu in der dritten Auflage: Fernsehen mit dem Kindle Fire HD, Tipps zum Drucken von Dateien, zu Firewall und Virenschutz.

Neu in der zweiten Auflage: Tipps zum Umgang mit Office-Dateien (mit Dank an Carsten Scheibe vom Magazin »Alle meine Android-Apps *(http://android.allemeineapps.de/kiosk/)*«, das Sie alle zwei Monate für 5,90 Euro am Kiosk finden), Aktualisierungen zu Audible, neue Tipps.

PS: Eine Ankündigung! Interessieren Sie sich für Fantasy-Literatur und exotische Orte? Testen Sie meinen neuen Roman Meltworld Shanghai, der jetzt bei Amazon als eBook verfügbar *(http://www.amazon.de/dp/B00A6U8TLQ)* ist – Taschenbuch- und Hörbuch-Ausgaben folgen. Unter *www.meltworld-shanghai.de* finden Sie auch Informationen zum begleitenden Wettbewerb, bei dem eine Reise nach Shanghai zu gewinnen ist.

PPS: Eine Einladung! Die Quantenphysik steckt voller überraschender, seltsamer, ja befremdlicher Phänomene, die sich dem gesunden Menschenverstand zu entziehen scheinen. Teilchen, die sich an mehreren Orten zugleich befinden, ein Vakuum, das nicht leer ist, Computer, die rechnen, ohne die Aufgabe zu kennen, Systeme, über Milliarden Lichtjahre getrennt, die sich trotzdem gleichzeitig verändern: Selbst berühmte Forscher meinen manchmal, die Quantenphysik müsse sich irren. Oder sei zumindest generell unverständlich. Dieses Buch versucht, das Gegenteil zu beweisen: Die faszinierende Welt der Quanten *(http://www.amazon.de/dp/B008GNA7HO/)*

PPPS: Eine Vorstellung! Das Universum. Auch bekannt als Kosmos, Weltall, Weltraum. Geboren vor 13,75 Milliarden Jahren. Heute etwa 92 Milliarden Lichtjahre groß und 10 hoch 53 Kilogramm schwer. Heimat von Schwarzen Löchern, Riesensternen, Pulsaren, Quasaren, Neutronensternem, Galaxienhaufen, Nebeln - aber auch von Planeten und deren Monden sowie von Lebewesen wie dem Menschen. Woher kommt es? Unter welchen Umständen vollzog sich seine Geburt, welche faszinierenden Prozesse spielen sich seitdem in ihm ab? Wann und wie wird es sterben? Was die Wissenschaft darüber weiß, hat sich in den vergangenen Jahren dramatisch verändert. Die neue Biografie des Universums *(http://www.amazon.de/dp/B007MO3SPG/)* klärt Sie darüber auf.

Ein Kindle-Tablet kaufen

Vielleicht haben Sie dieses Handbuch bereits heruntergeladen, bevor Sie überhaupt ein Gerät gekauft haben. Sehr clever! Doch auch wenn der Kindle Fire HD bereits darauf wartet, ausgepackt zu werden, ist es nicht zu spät: Amazon erlaubt Ihnen, Ihren Einkauf bis zu 30 Tage lang rückgängig zu machen. Die wichtigste Frage ist: Brauchen Sie den Kindle Fire HD überhaupt?

Der Kindle Fire HD gehört zur Kategorie der Tablets. Bekanntestes Beispiel dafür ist das iPad von Apple. Tablets haben im Unterschied zu Handys relativ große Bildschirme (ab 7 Zoll Diagonale) – und telefonieren kann man mit ihnen in der Regel nicht. Sie sind vor allem dazu geeignet, Inhalte zu konsumieren. Und zwar Inhalte jeder Art: Fotos, Videos, Musik, Bücher, Spiele – was immer sich in ein digitales Format bringen lässt. Der hell leuchtende, kontrastreiche Bildschirm hilft dabei enorm. Dabei machen sie sowohl im Wohnzimmer als auch unterwegs eine gute Figur.

Warum ein Tablet?

Tablets sind Alleskönner – und schon deshalb sind ihnen Spezialisten in manchen Bereichen überlegen. Wenn Sie zum

Beispiel vor allem elektronisch lesen wollen, sollten Sie besser einen eReader wie den Amazon Kindle kaufen. Diese arbeiten zwar mit langsamen und lediglich 16 Graustufen zeigenden eInk-Displays, halten dafür aber mit einer Akkuladung wochenlang durch und sind auch in hellstem Sonnenlicht noch gut ablesbar. Mit iPad oder Kindle Fire HD werden Sie am Strand hingegen wenig Freude haben.

Geht es Ihnen hingegen darum, selbst Inhalte zu produzieren, seien es nun Texte, Videos oder Fotos, dann fahren Sie nach wie vor mit einem Notebook oder Schreibtisch-Computer am besten. Es gibt zwar auch auf dem Kindle Fire HD ansprechende Programme dafür, doch Ihnen werden hier immer einige Optionen fehlen. Zum Tippen ist eine echte Computer-Tastatur einfach unschlagbar, und zum Videoschnitt fehlt es den Tablets doch noch etwas an der Prozessorleistung.

Wie gesagt – es spricht nichts dagegen, ab und an auf dem Kindle Fire HD einen Text zu schreiben oder ein kleines Video zu schneiden. Doch wenn dies der Hauptzweck Ihrer Neuanschaffung sein soll, rate ich Ihnen eher zu einem anderen Gerät. Selbst auf die Gefahr, dass Sie dann mein eBook wieder zurückgeben (falls Sie sich für einen Kindle-eReader entscheiden, kann ich Ihnen immerhin mein Inoffizielles Kindle-Handbuch *(http://www.amazon.de/dp/B0051PL9M2/)* empfehlen).

Warum ein Kindle Fire HD?

Was spricht unter allen Tablets für den Kindle Fire HD? Warum sollten Sie nicht lieber ein iPad kaufen? Da wäre zunächst natürlich der Preis. Selbst die neuen Mini-iPads sind noch deutlich teurer als der technisch mindestens gleichwertige Kindle Fire HD. Amazon-Chef Jeff Bezos legt Wert darauf, mit seiner Hardware erst Geld zu verdienen, wenn Sie diese auch nutzen, also bei Amazon Inhalte für Ihr Gerät kaufen. Deshalb verkauft die Firma den Kindle Fire HD zu den ungefähren Herstellungskosten.

Punkt zwei bei Ihrer Kaufentscheidung sollte die technische Ausstattung des Geräts sein. Das betrifft sowohl Hardware als auch Software. Amazon ist mit dem Kindle Fire HD wirklich ein sehr gutes Tablet gelungen. Der Bildschirm besitzt eine höhere Auflösung als das Display des iPad Mini. Durch den eingebauten HDMI-Anschluss können Sie Inhalte bequem auch auf dem Fernseher ausgeben. Der Doppelkern-Prozessor verleiht dem Tablet genug Reserven, auch bei Filmen in höchster Auflösung nicht zu ruckeln. Der Akku hält auch mal einen Flug nach Übersee lang durch. Die Empfangseigenschaften des WLANs sind sehr gut.

Bei der Software geht Amazon einen Sonderweg. Zwar läuft auf dem Kindle Fire HD ein Android-System, wie es auch Google, Samsung, HTC und so weiter auf ihren Tablets verwenden. Doch das haben die Amazon-Ingenieure kräftig abgewandelt. So ist der Kindle Fire HD deutlich einfacher zu bedienen als seine Android-Kollegen. Und gleichzeitig ist er ein Stück sicherer. Der Kindle Fire HD ist ein echtes Familien-Tablet: Die verschiedenen Mechanismen der eingebauten Kindersicherung sind vorbildlich umgesetzt.

Wer einen Kindle Fire HD kauft, sollte außerdem wissen, dass er sich damit an das Amazon-System bindet. Amazon macht es seinen Kunden besonders einfach, Bücher, Filme, Musik oder Apps in seinem eigenen Laden zu kaufen. Wer anderswo shoppen will, muss hingegen mehr Aufwand betreiben.

Besitzen Sie bereits eine größere Sammlung von in anderen Onlinestores erworbenen Inhalten? Dann ist der Kindle Fire HD vielleicht nicht das ideale Tablet für Sie. Wobei sich die von Amazon vorgesehenen Einschränkungen durchaus umgehen lassen. Das ist auch nicht illegal: Wenn Sie das Gerät gekauft haben, gehört es Ihnen. Die Amazon-Hotline wird Ihnen dazu allerdings keine Auskünfte erteilen …

Mit dem Kindle Fire sparen?

Amazon bietet auch eine Spar-Variante an, den Kindle Fire ohne die HD-Kennzeichnung. Dieser ist noch 40 Euro billiger als das HD-Modell. Hauptkennzeichen ist denn auch die niedrigere Bildschirm-Auflösung. 1024 x 600 versus 1280 x 800 – das klingt nicht nach einem großen Unterschied. 2011, als der Fire erschien, waren 1024 x 600 Punkte in der Welt der 7-Zoll-Tablets auch noch Standard.

In der Praxis spielt die Auflösung jedoch eine größere Rolle, als ich selbst angenommen hätte. eBooks sind zum Beispiel meist auf 600 Punkte in der Breite optimiert. Beim Fire bleibt dann am Rand kein Platz mehr. Filme in der kleineren HD-Auflösung haben 720 Zeilen – dafür reicht der Fire-Bildschirm nicht. Und auch viele Apps sind inzwischen auf 1280 x 800 Punkte optimiert – diese Auflösung hat sich in der Android-Welt im Grunde durchgesetzt.

Hinzu kommt, dass der Fire nur 8 Gigabyte Speicher besitzt und (wie die anderen Modelle) nicht erweiterbar ist. Für den Nutzer bleiben da schon nach dem Auspacken nur 5,5 Gigabyte. Wer Musik oder Fotos auf sein Tablet laden will, muss sich da ganz schön einschränken.

Der Luxus-Kindle: Kindle Fire HD 8.9«

Zeitgleich mit dem Kindle Fire HD hat Amazon-Chef Jeff Bezos auch ein Luxus-Modell vorgestellt – den Kindle Fire HD 8.9". Dabei handelt es sich um ein Tablet mit 8,9 Zoll Bilddiagonale. Doch es ist weit mehr als ein aufgeblasener Fire HD: Die Auflösung des Bildschirms beträgt sensationelle 1920 x 1200 Punkte.

Das reicht für einen Film in Blu-ray-Qualität, wie Sie ihn auch auf Ihrem neuen Flachbild-Fernseher ansehen können. Und zusätzlich (!) ist noch Platz für eine Menüleiste. Apple nennt diese Auflösung »Retina-Display«, weil man in typischer Leseentfernung mit dem Auge die Punkte nicht mehr voneinander unterscheiden kann.

Leider bietet Amazon dieses Modell bisher nur in den USA an. Ich habe mir bei Erscheinen natürlich so ein Gerät geordert. Sie brauchen dazu eine US-Adresse, die die Lieferung entgegennimmt und dann an Sie weiterleitet. Zu den 299 Dollar für das günstigste Modell mit 16 Gigabyte (das iPad 3 ist weit teurer) kommen noch die deutsche Umsatzsteuer und evtl. Zollgebühren. Rechnen Sie mitsamt Versandkosten etc. mit etwa 330 Euro für das 16-Gigabyte-Modell.

Was kann das US-Modell besser als das deutsche? Im Appstore können Sie viele Apps vor dem Kauf testen. Es steht ein Zeitungskiosk (Newsstand) bereit. Die Kindersicherung FreeTime ist bereits installiert. Auch die Audible- und die Foto-Funktion sind ohne Verrenkungen zugänglich.

Wenn Sie nicht auch ein Amazon.com-Konto besitzen, müssen Sie allerdings mit ein paar Einschränkungen leben. Zunächst ist die Oberfläche nur in Englisch verfügbar. Sobald Sie das Gerät auf Ihren Amazon.de-Account anmelden (was problemlos läuft), gibt es bei Musik und Video keine Verknüp-

fung zu den entsprechenden Amazon-Angeboten mehr. Sie müssen Musik und Filme also anderswo kaufen und dann per USB auf den Fire HD 8.9 transferieren. Mit kopiergeschützten Filmen dürfte das kaum funktionieren. Der Cloudplayer für MP3 ist nicht mehr zugänglich.

Statt in den deutschen Kindle-Store führt der Store-Knopf bei Büchern auf die deutsche Amazon-Website. Dort kann man im Browser recht bequem neuen Lesestoff ordern. Bücher, Apps, Fotos und Dokumente, die Sie in der Amazon-Cloud gespeichert haben, stehen auf dem Fire HD 8.9« ebenfalls zu Ihrer Verfügung. Der Zugang zum deutschen Appstore funktioniert. Bei manchen Apps erhalten Sie allerdings eine Fehlermeldung, dass diese auf Ihrem Gerät nicht lauffähig seien.

Newsstand und Audible-Rubrik verschwinden, Audible lässt sich aber wie in den ***Tipps & Tricks*** beschrieben wieder hervorholen. Die Kamera-App bleibt in der Photos-Rubrik erhalten. Kindle FreeTime ist nicht mehr aktivierbar.

Ob trotz dieser Einschränkungen und der umständlichen Beschaffung der Kauf des Luxus-Fire noch sinnvoll ist, müssen

Sie selbst beurteilen. Wenn Sie gern Filme ansehen (anderswo gekauft), oft im Web surfen (die hohe Auflösung macht das deutlich komfortabler) oder vielleicht auch generell größere Schriften und Symbole bevorzugen, könnte der Fire HD 8.9" etwas für Sie sein.

Noch mehr Luxus: Kindle Fire HD 8.9 mit 4G

Ebenfalls seit kurzem im Handel ist ein Modell des Kindle Fire HD 8.9, das sogar via Mobilnetz funken kann. Die günstigste Version berechnet Amazon hier mit 499 Dollar, das dürfte beim Selbstimport ungünstigstenfalls 550 Euro ergeben.

Lassen Sie sich jedoch nicht vom »4G« verführen: Den ultraschnellen LTE-Funk (den zum Beispiel das neue iPhone 5 beherrscht) können Sie damit nur in den USA und Kanada nutzen, da nur dort die im Kindle Fire HD 8.9" eingebauten LTE-Frequenzbänder 4 und 17 verwendet werden. In Deutschland erreichen Sie so maximal UMTS-Geschwindigkeit. Sie können dem Gerät eine eigene SIM-Karte einlegen (MicroSIM-Format).

Allerdings konnte bisher noch niemand testen, ob es nicht etwa einen SIM-Lock gibt, ob also das Gerät nur mit der vorinstallierten Karte von AT&T funktioniert. Zumindest ist in dieser Hinsicht in den Amazon-Beschreibungen des Modells nichts zu finden.

Welche Ausstattung?

Derzeit können Sie beim Kindle Fire HD in Deutschland zwischen zwei Modellen wählen, die sich lediglich bei der Speicherausstattung unterscheiden. Die Variante mit 16 Gigabyte Speicher kostet 199 Euro, während für das Gerät mit 32 Gigabyte 249 Euro anfallen. Diese Preise gelten, wenn Sie Werbung auf dem Sperr-Bildschirm akzeptieren, der sich bei Nichtbenutzung des Kindle Fire HD einblendet.

Ohne diese »Spezialangebote« müssen Sie noch einmal 15 Euro hinzurechnen. Da der Bildschirm nur dann mit Werbung belegt wird, wenn Sie das Gerät nicht nutzen, fällt mir kein Grund ein, warum Sie die 15 Euro nicht sparen sollten.

Amazon bietet außerdem wie beschrieben das Vorgängermodell Kindle Fire (ohne HD) an, der etwas aufgebohrt wurde und nun 159 Euro kostet (mit Werbung 174 Euro). Er besitzt allerdings nur 8 Gigabyte Speicher. Außerdem erreicht sein Bildschirm eine geringere Auflösung, was sowohl beim Websurfen als auch beim Betrachten von Videos und beim Spielen nachteilig ist. Mein Tipp: Wenn Sie sich für ein Amazon-Tablet entschieden haben, lohnen sich die 40 Euro Aufpreis für das HD-Modell auf jeden Fall.

16 oder 32 Gigabyte? Eine gute Frage. Die Antwort richtet sich vor allem danach, was Sie mit Ihrem Fire HD vorhaben. Wenn Sie nur Spiele, Musik, Filme oder Bücher bei Amazon kaufen (wie es der Firma natürlich am liebsten ist), wird Ihnen der Speicherplatz wohl nie ausgehen. Denn all Ihre Einkäufe bleiben auf den Amazon-Servern, in der so genannten Cloud, gesichert, selbst wenn Sie sie von Ihrem Gerät löschen. In diesem Fall genügt das kleinere Modell also völlig.

Anders sieht es aus, wenn Sie zu den Menschen gehören, die stets all ihre Inhalte mit sich herumtragen wollen. Fotos, Familien-Videos, eine eigene Musiksammlung, all das verbraucht viel Speicherplatz. Ein MP3-Song etwa kommt auf 4 Megabyte (1 Gigabyte entspricht 1000 Megabyte), ein Foto je nach Megapixel-Zahl auf 1, 2 oder auch 5 Megabyte. Ein

Spielfilm braucht in TV-Auflösung gut 1 Gigabyte, in hoher Auflösung (HD) aber mindestens 4 Gigabyte. Nur eBooks sind relativ bescheiden – je nach Menge der Bilder liegen elektronische Bücher meist deutlich unter 1 Megabyte. Sie sehen, mit vier HD-Filmen ist der Speicher des kleineren Modells des Fire HD bereits voll.

Da die Amazon-Tablets (wie auch das iPad oder das Google-Tablet Nexus 7) nicht über Speicherkarten erweiterbar sind, würde ich im Zweifel für die größere Variante plädieren. Sie könnten allerdings auch ein Umdenken versuchen: Selbst auf 32 Gigabyte werden Sie auf Dauer nicht all Ihre digitalen Schätze unterbringen. Wäre es da nicht klüger, diese lieber gleich auf dem Computer und im Netz zu archivieren und sie nur bei Bedarf auf das Tablet zum Mitnehmen zu übertragen?

Sinnvolles Zubehör

Auch die Zubehör-Hersteller versuchen natürlich, Ihnen ein paar Euro aus der Tasche zu locken. Was davon ist wirklich sinnvoll?

Im Grunde können Sie sich bei dieser Entscheidung am gesunden Menschenverstand orientieren. Worauf fällt Ihr Blick garantiert, wenn Sie Ihren Kindle Fire HD nutzen? Auf den Bildschirm, der mit einer Glasscheibe versehen ist. Autofahrer wissen, wie schlecht sich Glas und spitze Gegenstände vertragen. Den Bildschirm eines Tablets auszuwechseln ist allerdings nicht billiger als gleich ein neues Tablet zu kaufen. Deshalb sollten Sie das Display besonders gut schützen.

Dazu gibt es zwei Varianten: Schutzfolien schützen vor Kratzern (meine Tochter hat mal mit einem Kugelschreiber ohne Mine auf dem Bildschirm gezeichnet ...), während Cover das komplette Gerät in Sicherheit bringen. Ich persönlich mag die Schutzfolien (ab 10 Euro pro Stück) nicht, aber das ist Geschmackssache. Cover (ab 25 Euro) sind vor allem beim Transport des Tablets sinnvoll. Es gibt Varianten, die gleichzeitig als Ständer dienen, so dass man den Fire HD ähnlich wie einen Fernseher aufstellen kann. Dabei hilft aber auch ein Bücherstapel ...

Amazon liefert beim Kindle Fire HD kein Netzteil mit. Es liegt aber ein USB-Kabel bei, das Sie mit jedem handelsüblichen USB-Netzteil oder dem USB-Anschluss eines Computers verbinden können. Die Chance, dass sich so ein Netzteil schon in Ihrem Haushalt befindet (etwa von Ihrem iPhone), ist groß. Wenn nicht, müssen Sie sich eines zulegen – es muss aber nicht das Powerfast-Netzteil für 20 Euro *(http://www.amazon.de/dp/B006GWO6XI/)* sein, das Amazon Ihnen vorschlägt. Auch ein günstigeres Modell (ab 10 Euro) reicht.

Sie wollen auf dem Tablet auch mal längere Texte tippen? Dann brauchen Sie eine Tastatur, die sich per Bluetooth mit dem Kindle Fire HD verbindet. So wird das Tablet beinahe zum Notebook. Bluetooth-Tastaturen *(http://www.amazon.de/dp/B00690QNRO)* gibt es ab etwa 40 Euro. Es handelt sich dabei um Standard-Modelle, die nicht speziell für den Fire HD entwickelt wurden. Das ist aber technisch kein Problem.

Wenn Sie schon mal mit dem Fingernagel auf das Display getippt haben, werden Sie es gemerkt haben: Der Touchscreen will blanke Haut, er reagiert nur auf Ihre Fingerkuppe. Das liegt an der Eingabe-Technik. Zwar eignen sich Wiener Würstchen durchaus als Eingabemedium (probieren Sie es mal!), doch Nutzer mit »Wurstfingern« wünschen sich vielleicht manchmal, zusätzlich zum Finger einen Stift nutzen zu können. Dazu brauchen Sie einen speziellen Eingabestift, der für solche kapazitiven Displays entwickelt wurde und für etwa 15 Euro zu haben ist.

Amazon hat im Kindle Fire HD bereits überraschend gute Lautsprecher eingebaut. Auf separate, billige Mini-Lautsprecher können Sie deshalb verzichten. Wenn Sie das Tablet via HDMI am Fernseher anschließen, gibt dieser auch den Sound aus. An der HiFi-Anlage findet der Fire HD über den Kopfhörerausgang (Klinke) Anschluss. Nur wer weder Stereoanlage noch TV besitzt, sollte über externe Lautsprecher nachdenken. Die dann allerdings nicht aus der Billig-Kategorie kommen sollten.

Dass Sie den Kindle Fire HD nicht mit Speicherkarten erweitern können, schrieb ich oben schon. Auch USB-Sticks oder USB-Festplatten nutzen Ihnen nichts. Doch es gibt eine Alternative zur Speichererweiterung: externe Festplatten, die sich per WLAN-Funk mit dem Tablet verbinden. Für das Kingston WiDrive *(http://www.amazon.de/dp/B0081LJ0QK/)* gibt es auch eine zum Fire HD passende Android-App, die für den Datenaustausch mit dem externen Speicher zuständig ist. Das WiDrive besitzt einen eigenen Akku, sodass Sie das Gerät auch unterwegs mit Ihrem Tablet nutzen können. Das WiDrive-Modell mit 32 Gigabyte kostet etwa 80 Euro, für 64 Gigabyte sind 120 Euro fällig. Von Seagate gibt es mit dem Modell GoFlex *(http://www.amazon.de/dp/B0058FQAF6)* gleich 500 Gigabyte externen Speichers, der Sie um die 200 Euro kostet.

Ebenfalls nicht direkt mit dem Kindle Fire HD verbinden können Sie UMTS-Sticks: Mobilfunk-Sticks für den Computer, die eine WLAN-unabhängige, mobile Internetverbindung bereitstellen. Doch auch hier gibt es Abhilfe: So genannte mobile UMTS-Router. Das sind kleine Kästchen etwa in Handy-Größe, die eigens für Ihr Tablet das UMTS-Funksignal in ein WLAN einspeisen, das stets mit Ihnen unterwegs ist. Diese UMTS-Router *(http://www.amazon.de/dp/B008AVX3UK/)* besitzen einen eigenen Akku. Sie sind ab etwa 70 Euro zu haben. Nebenbei versorgen sie auch Ihr Notebook mit Internet. Voraussetzung ist eine separate SIM-Karte, für die die meisten Provider etwa 10 Euro pro Monat berechnen.

Wer ein iPhone oder ein Android-Handy besitzt, kann aber auch dieses als persönlichen Hotspot konfigurieren. Jedenfalls wenn der Mobilfunk-Provider das erlaubt – bei vielen iPhones ist dieses Feature deaktiviert.

Der Kindle Fire HD besitzt an der Unterseite einen Micro-HDMI-Anschluss. Wenn Sie Videos oder Spiele auf dem Fernseher betrachten wollen, brauchen Sie ein Kabel mit einem MicroHDMI-Stecker *(http://www.amazon.de/dp/B004QIHAVE/)* auf der einen und einem normalen HDMI-Stecker auf der anderen Seite. Kostenpunkt: ab 5 Euro.

Wenn Sie einen Fire HD bei Amazon ordern, schlägt Ihnen die Website auch eine separate Garantie vor. Diese gilt für drei Jahre. Ob Sie so etwas brauchen, können Sie selbst überschlagen: Wie oft haben Sie in den letzten Jahren ein elektronisches Gerät selbst zerstört oder sich stehlen lassen? Setzen Sie dazu den Preis der Garantie *(http://www.amazon.de/dp/B00847EENU/)* (70 Euro) ins Verhältnis. Und bedenken Sie, dass in Deutschland eine gesetzliche Geräte-Gewährleistung von zwei Jahren vorgeschrieben ist. Diese hilft Ihnen allerdings nicht bei Diebstahl oder wenn Ihnen der Kindle Fire HD herunterfällt. Aber Achtung: Sollten Sie Ihr Gerät einfach nur in der S-Bahn liegen lassen, haftet auch die Zusatzgarantie nicht. Sie setzt einen Diebstahl samt Anzeige bei der Polizei voraus.

Die Grundlagen

Der Kindle Fire HD kommt Ihnen in einer Schachtel ins Haus, die an die eInk-Kindles erinnert. Das Gerät ist auch tatsächlich gar nicht viel größer. Ich gebe zu, ich war beim ersten Auspacken jedenfalls etwas erstaunt.

Damit wir uns in Zukunft besser verstehen, sollten wir uns zunächst mal darauf einigen, wo oben und unten ist. Wenn Sie das Gerät quer halten, ist nach meiner Definition das kleine Kamera-Loch oben. Am unteren Gehäuserand sehen Sie dann die Anschlüsse für das mitgelieferte MicroUSB-Kabel (rechts) und Micro-HDMI (nicht im Lieferumfang, zur Verbindung mit dem Fernseher).

Jetzt drehen Sie das Gerät doch bitte mal um 90 Grad nach links. Nun können Sie oben drei Tasten fühlen. Das sind links die beiden Lautstärkeregler, rechts daneben (ungefähr in der Mitte) die Einschalttaste. Drücken Sie diese kurz, und der Kindle Fire HD sollte sich anschalten.

Merken Sie sich, wo der Powerschalter sitzt, und drehen Sie das Tablet wieder ins Querformat. Tippen Sie kurz auf den Ausschalter – der Bildschirm wird schwarz. Der Fire HD befindet sich im Ruhemodus. Um ihn wieder zu wecken, tippen Sie erneut und wischen dann mit dem Finger auf dem vorgegebenen Balken nach rechts.

Drücken Sie den Einschaltknopf nun etwas länger. Der Fire HD bietet Ihnen an, herunterzufahren. Nein, er fährt nicht unter den Schreibtisch, er schaltet sich dann lediglich aus. In diesem Zustand hält sein Akku deutlich länger als im Ruhemodus, allerdings braucht das Gerät dann auch zum Starten länger.

Beim ersten Einschalten des Kindle Fire HD müssen Sie nicht viele Einstellungen treffen. Wenn Sie das Gerät bei Amazon erworben haben, ist es schon auf Ihren Namen vorregistriert. Sie müssen ihm dann nur die Daten Ihres Funknetzes verraten. Tippen Sie einfach den Namen Ihres Netzes in der Liste an und geben Sie anschließend das Kennwort ein. Falls Sie damit nicht zurechtkommen, lesen Sie bitte im Kapitel »WLAN einrichten« die Details nach.

Die Oberfläche – das Karussell

Gehen wir zunächst einmal davon aus, dass Sie den Fire HD im Querformat halten. Sie befinden sich im Home-Screen, den wir nun von oben nach unten betrachten. Den Home-Screen erreichen Sie aus jeder Anwendung über das Haus-Symbol.

Die Statuszeile ganz oben beginnt mit dem Namen Ihres Geräts. Den können Sie über die Geräteverwaltung auf *www.amazon.de/myk* ändern. Die Zahl im weißen Kreis gleich daneben gibt an, wieviele Systemnachrichten derzeit für Sie vorliegen. Das sind oft triviale Meldungen, etwa dass ein bestimmtes Programm installiert wurde. In der Mitte finden Sie die Uhrzeit, am rechten Rand die Empfangsanzeige für das WLAN und den Akkuzustand.

Unter der Statusleiste schwebt eine Textzeile, die Sie mit den verschiedenen Regalen Ihres Kindle Fire HD verbindet.

Was dahinter steckt, sagen die Begriffe recht gut. »Einkaufen« etwa bringt sie in Amazons Online-Kaufhaus. Ich gehe später noch ausführlich auf jede einzelne Abteilung ein. Wichtig ist aber auch das Lupen-Icon ganz am Anfang der Zeile: Es ruft die Suchfunktion auf.

Unter diesen zehn Eingangstüren sehen Sie großflächige Icons. Sie bilden das so genannte Karussell. Warum es so heißt, merken Sie, wenn Sie mit dem Finger darauf umherfahren. Hier sind all Ihre Inhalte nach Aktualität aufgeführt, und zwar unabhängig von ihrer Art. Die Website, die Sie zuletzt besucht haben, taucht ebenso auf wie das Buch, das Sie gerade lesen, oder die App, die Sie davor benutzt haben.

So weit der Home-Screen. Aber da gibt es doch noch einen kleinen, weißen Stern unten rechts? Richtig. Hier verstecken sich Ihre Allzeit-Favoriten. Während das Karussell strikt nach Aktualität geordnet ist, können Sie in den Favoriten die Apps, Websites oder Bücher unterbringen, die Ihnen besonders am Herzen liegen. Um sie aufzurufen genügt es, auf den Stern zu tippen.

Schieben Sie das Fenster mit einem Finger wieder nach unten, um die Favoriten wieder zu verstecken.

Wie kommt ein Symbol an diese Stelle? Im Grunde von überall. Wo immer Sie eine Datei sehen (auch im Karussell), tippen Sie so lange darauf, bis ein kleines Menü erscheint. Aus diesem wählen Sie »Zu Favoriten hinzufügen«. Das genügt. Weitere Menüoptionen hängen von der Art der Datei ab. »Vom Gerät entfernen« könnte zum Beispiel darunter sein.

War das schon alles, was der Home-Screen zu bieten hat? Nicht ganz. Drehen Sie das Tablet nun um 90 Grad nach links. Jetzt hat zwar das Karussel weniger Platz. Dafür bietet Ihnen der Fire HD

aber Optionen an, die zu dem jeweils am größten dargestellten Icon des Karussells passen. Beim Kalender sind das zum Beispiel Termine, bei einem Spiel oder einer App andere Programme, die thematisch dazu passen. Bei einer Website erscheinen aktuelle Meldungen, bei einem eBook solche Bücher, die andere Kunden gekauft haben. Ähnlich sieht es bei Musik aus, wo Sie auch gleich in Amazons MP3-Shop geleitet werden.

Oben hatte ich schon kurz die Suchfunktion genannt. Sie besitzt auf dem Kindle Fire HD eine Besonderheit: Sie arbeitet nämlich übergreifend für alle Inhalte Ihrer Bibliothek, für den (Amazon-)Shop und für das Web. Probieren Sie's mal aus!

Schnelleinstellungen

Nicht nur am unteren Bildschirmrand versteckt sich etwas – auch der obere Rand verbirgt Informationen vor Ihnen. Ziehen Sie mit dem Finger vom oberen Rand zur Mitte – und prompt öffnet sich ein neues Menü, das wir uns von links nach rechts ansehen wollen.

Die Symbole sind praktischerweise beschriftet, deshalb muss ich nicht zu viel erklären. Das ganz linke Symbol dient

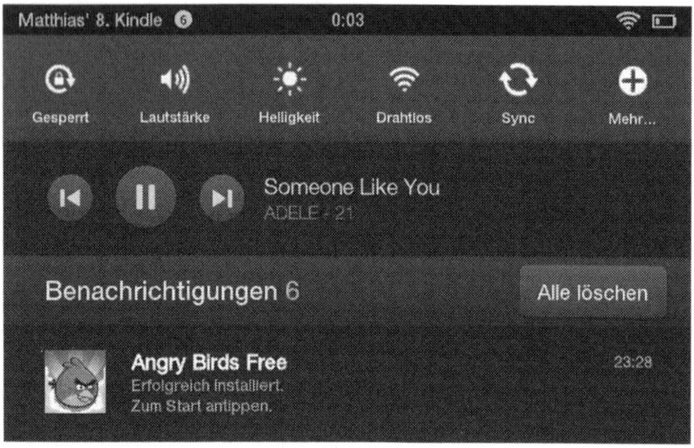

dazu, dem Kindle das Verstellen der Bildschirmausrichtung auszutreiben. Wenn hier »Gesperrt« steht, können Sie das Gerät auch mal schwenken, ohne dass dauernd der Bildschirm hüpft.

Das Lautstärke-Icon brauchen Sie eigentlich nicht, weil es ja auch zwei Tasten am Gehäuserand gibt. »Helligkeit« ist dann praktisch, wenn Sie etwa nachts lesen und ihrem Partner nicht mit zuviel Licht den Schlaf rauben wollen. Wenn Sie die »Automatische Helligkeit« auf »An« stellen, versucht der Fire HD selbst die richtige Einstellung zu finden. Das »Drahtlos«-Symbol bringt Sie zu den WLAN-Einstellungen. »Sync« prüft, ob neue Inhalte bei Amazon für Sie bereitstehen. »Mehr« schließlich öffnet das eigentliche Einstellungsmenü, dem wir uns im folgenden Kapitel widmen.

Falls im Hintergrund eine App wie etwa der Musikspieler läuft, findet sich direkt unter den Schnelleinstellungen eine Leiste, über die Sie das Programm steuern können. Erst darunter finden Sie dann die Benachrichtigungen, die Sie über »Alle löschen« in den digitalen Papierkorb befördern.

Das Einstellungsmenü

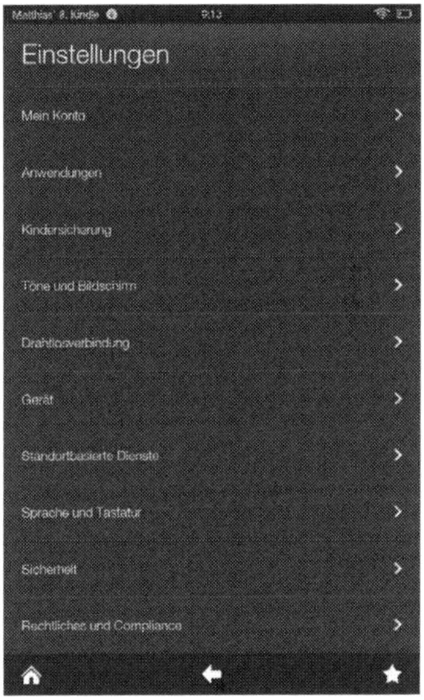

Das Einstellungsmenü, das wir über die Schnelleinstellungen erreicht haben, ist genau genommen die erste Anwendung, die wir gemeinsam öffnen – es sei denn, Sie haben heimlich vorgearbeitet. Deshalb widmen wir uns zunächst gar nicht dem Menü selbst, sondern dem rechten (bei Querformat) oder unteren (bei Hochformat) Bildschirmrand.

Hier finden Sie die Bedienleiste, die Sie stets wieder zurück auf den Home-Screen bringt (Haus-Icon). Oder aber eine einzelne Ebene zurück (Pfeil-Symbol). Über das Stern-Icon haben Sie auch von hier aus immer Zugriff auf Ihre Favoriten, also Ihre Lieblings-Apps und -Inhalte. Zudem können anwendungsspezifisch weitere Funktionen auftauchen, etwa ein Lupensymbol, das dann eine Suche auslöst.

Mein Konto

Starten wir mit Mein Konto. Darüber können Sie sich bei Amazon registrieren und abmelden. Dazu müssen Sie wissen, dass Sie beliebig viele Geräte bei Amazon anmelden dürfen. Bücher sind aber auf maximal sechs Geräten gleichzeitig lesbar.

Die Gerätean- und abmeldung lässt sich parallel auch über *www.amazon.de/myk* vornehmen.

Unter dem Konto, das Sie hier eintragen, werden all Ihre Einkäufe auf dem Kindle Fire HD getätigt. Relativ klein gedruckt verrät Ihnen das Gerät hier auch, unter welcher Adresse Ihr Kindle erreichbar ist, wenn Sie ihm Dokumente zumailen wollen.

Außerdem lässt sich Ihr Konto hier mit Facebook und Twitter verknüpfen. Und schließlich gibt's einen Querverweis zu den E-Mail-, Kontakt- und Kalendereinstellungen.

Anwendungen

Hier finden Sie gleich mehrere wichtige Einstellungen, die sowohl Ihre Bequemlichkeit betreffen als auch Sicherheitsaspekte haben.

In der Liste ganz oben stehen die »Benachrichtigungseinstellungen«. Hier können Sie für jede einzelne App definieren, ob diese Ihnen Botschaften ins Nachrichtenzentrum schicken darf. Das ist der Bildschirm, der beim Herunterziehen vom oberen Bildschirmrand erscheint. Ich fühle mich immer etwas irritiert, wenn dort scheinbar wichtige Meldung erscheinen, die sich dann doch als nichtssagend erweisen.

Nächster Punkt sind die »Installierten Anwendungen«. Dieses Menü brauchen Sie vor allem, wenn eine App mal nicht tut, was sie soll, beziehungsweise wenn Sie eine App loswerden wollen. Wenn eine Anwendung hängt, sollten Sie oben links auf »Stoppen erzwingen« tippen. Das entspricht dem guten alten Affengriff (STRG – ALT – ENTF), den Sie vielleicht noch von Windows kennen. Falls es sich um eine App handelt, die Sie ohne Gefahr deinstallieren können, erscheint knapp daneben eine entsprechende Schaltfläche. Dann gibt es noch die Optionen »Daten löschen« und »Cache löschen«. Beide sind dann nützlich, wenn Apps sich seltsam verhalten. Aber Vorsicht: »Daten löschen« entfernt alle Daten, die eine bestimmte App für sich gespeichert hat. »Cache löschen« ist nicht ganz so kritisch – dabei geht es nur um einen temporär belegten Speicherbereich.

Die Option »Amazon-Inhalte synchronisieren« fragt bei den Amazon-Servern nach, ob neue Inhalte (MP3, Bücher, Dokumente ...) für Sie bereitstehen. Normalerweise synchronisiert der Kindle Fire HD automatisch, aber wenn mal etwas nicht ankommt, das Sie erwarten, können Sie diese Funktion hier auch manuell auslösen.

Unter »Amazon Empfehlungen« gibt es nur eine einzige Einstellung: Hier können Sie dem Kindle Fire HD verbieten, Ihnen Empfehlungen anzuzeigen, wenn Sie das Gerät hochkant halten. Dafür kann es ganz praktische Gründe geben, etwa wenn Sie möglichst wenig Daten ins Netz übertragen wollen. Die Empfehlungen holt sich der Fire HD nämlich vom Amazon-Server.

Die Option »Amazon Gamecircle« betrifft nur die Spieler unter Ihnen. Hier erlauben Sie Ihrem Gerät, Ihren Spiele-Spitznamen öffentlich zu machen und über Facebook zu teilen. Außerdem können Sie an dieser Stelle Whispersync für Spiele deaktivieren. Dabei handelt es sich um eine innovative Funktion, die Ihren Spielstand bei einem Game in der Cloud (im Netz) speichert. Wenn Sie dann anderswo weiterspielen, können Sie genau dort fortsetzen, wo Sie aufgehört haben.

Der Menüpunkt »Apps« müsste eigentlich »Amazon-Appstore« heißen, denn hier geht es um die Features des

App-Ladens, nicht der einzelnen Apps. Wollen Sie einen Geschenkgutschein einlösen? Dann sind Sie in diesem Menü richtig. Ebenfalls wichtig ist das Sperren von In-App-Käufen: Bei manchen Apps kann der Nutzer aus der App heraus weitere Geldbeträge ausgeben. Das dürfen Sie hier unterbinden. Dasselbe gilt für Automatische Updates – es soll ja vorkommen, dass die neueste Version einer App nicht besser, sondern schlechter als der Vorgänger ist. Unter »Externe Marktverbindungen« definieren Sie, was Ihr Gerät tut, wenn Sie auf einen Link zum App-Markt stoßen. Soll es diesen gleich öffnen, ignorieren oder doch besser nachfragen?

Die folgende Option, »Audiobücher«, ist derzeit noch leer. Amazon arbeitet noch daran, auch in Deutschland Hörbücher anbieten zu können.

Unter »E-Mail, Kontakte, Kalender« finden Sie einen weiteren Querverweis auf die Konto-Einstellungen, die ich unten separat behandle.

Die Rubrik »Musik« bietet nur zwei Optionen: Den Cache des Musikspielers zu löschen und automatische MP3-Downloads aus dem Amazon-Store zu erlauben.

Der vorletzte Menüpunkt in dieser Rubrik trägt den Namen »Silk« – das ist der von Amazon auf dem Fire HD eingebaute Webbrowser. Wenn Sie auf YouTube keine Videos angezeigt bekommen oder eine Website insgesamt seltsam aussieht, sollten Sie unter »Gewünschte Seitenansicht« auf »mobil« schalten. Liefert Ihnen aber eine Website nur ein Minimalprogramm, schalten Sie explizit auf »Desktop«. Die Wahl haben Sie auch bei der Suchmaschine: Bing, Google oder Yahoo dürfen es sein.

Soll der Browser nervige Popup-Fenster gleich von sich aus wegklicken? Dann geben Sie ihm hier die entsprechende Anweisung. »Seiten schneller laden« klingt auf den ersten

Blick rätselhaft. Wer will denn nicht, dass Seiten schneller auf dem Schirm erscheinen? Das Rätsel steckt in der Technik des Webbrowsers. Silk lädt nämlich schon vorab auf die Amazon-Server, was danach auf Ihrem Fire HD erscheint. Das beschleunigt das Surfen. Oft. Manchmal macht es aber auch Probleme. Dann müssen Sie » … schneller laden« deaktivieren. Wenn Sie außerdem möchten, dass der Datenverkehr zwischen dem Tablet und den Amazon-Servern verschlüsselt wird, dürfen Sie ein Häkchen bei »Zusätzliche Verschlüsselung« setzen. Was dazu führt, dass Seiten langsamer laden …

Unter »Gespeicherte Daten« führt der Fire HD eine lange Liste mit Daten auf, die Sie an dieser Stelle löschen können. Vorsichtige Menschen können dem Tablet auch abgewöhnen, sich bestimmte Daten überhaupt erst zu merken. Das heißt aber auch, dass Sie etwa Passwörter immer wieder neu eingeben müssen. Andererseits – was passiert, wenn Ihr Kindle Fire HD in fremde Hände fällt?

Last, but not least: Das »Video«-Menü. Hier finden Sie einen Link auf die Kontoverwaltung bei Lovefilm. Wenn Sie darauf tippen, öffnet sich der Webbrowser. Mehr dazu im Video-Kapitel.

Kindersicherung

Amazon hat sich einiges einfallen lassen, um den Fire HD auch für Eltern akzeptabel zu machen. Kinder, jedenfalls meine, legen ja auf eine Kindersicherung meist keinen großen Wert – Eltern umso mehr. Beim eInk-Kindle ist es gar nicht so einfach, den Kids bestimmte Funktionen zu verwehren. Selbst, wer seinen Kindern vertraut, kann Nutzen daraus ziehen – dass eine Achtjährige mal aus Versehen eine Mail an den kompletten Firmenverteiler schickt, ist nun einmal nicht völlig auszuschließen.

Daraus hat Amazon eine längere Feature-Liste entwickelt und in der Kindersicherung verpackt. Beim ersten Aufruf ist die Option noch deaktiviert. Wenn Sie sie einschalten, müssen Sie zunächst ein Kennwort vergeben. Gut merken! Es sollte auch nicht so einfach sein, dass die Kinder es erraten können. Anschließend dürfen Sie fast alle Möglichkeiten des Fire HD einzeln außer Reichweite der Kids bringen:

- Webbrowser
- E-Mail, Kontakte, Kalender
- Video-Wiedergabe
- Einkäufe
- WLAN

Außerdem können Sie auch einzelne Inhaltstypen verbergen oder freigeben – Bücher, Musik, Videos, Dokumente, Apps und Fotos. Trotz der Kindersicherung bleibt der Inhalt des Karussells aber

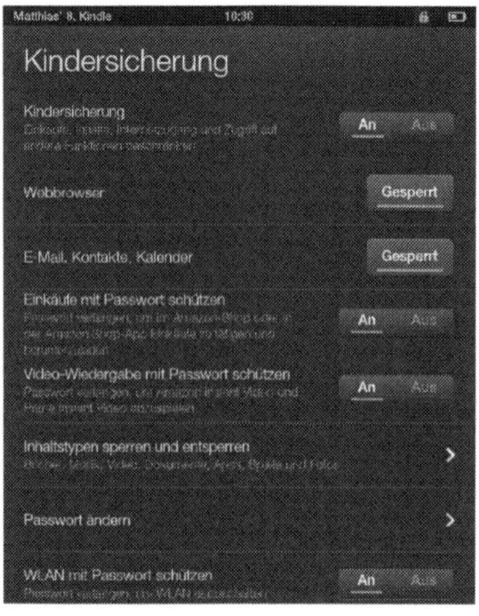

erhalten. Falls Sie zum Beispiel Bücher gesperrt haben, können Ihre Kinder zwar nicht mehr in den Bereich »Bücher« sehen. Aber die Cover der eBooks im Karussell bleiben sichtbar. Öffnen lassen sie sich allerdings nicht mehr.

Sie haben das Kennwort für die Kindersicherung vergessen? Dann müssen Sie Ihren Fire HD auf Werkseinstellungen zurücksetzen. Das erledigen Sie über Einstellungen ➜ Gerät. Achtung, anschließend müssen Sie das Tablet komplett neu registrieren und alle Inhalte neu aus der Cloud herunterladen.

Kindle FreeTime

Einen solchen Menüpunkt werden Sie derzeit noch nicht auf Ihrem Fire HD finden. Amazon hat aber bereits Anfang September angekündigt, dass es ihn bald geben wird, und in den USA ist er schon verfügbar. FreeTime ist eine kostenlose App, mit der Sie Ihren Kindern oder anderen Familienangehörigen einen eigenen Zugang auf Ihrem Kindle Fire HD anlegen können.

Einen Zugang, für den Sie alles mögliche beschränken können – vor allem aber die Nutzungszeit. So könnten Sie zum Beispiel das Lesen von eBooks unbegrenzt erlauben, das Ansehen von Videos für 30 Minuten pro Tag und das Spielen mit Apps für eine Viertelstunde. Wenn FreeTime aktiv ist, wird der Fire-Bildschirm blau: So können Sie sogar aus der Ferne erkennen, dass sich Ihr Sprössling gerade im FreeTime-Modus über das Tablet beugt.

Anders als bei der Kindersicherung blockieren Sie dabei nicht bestimmte Inhaltstypen, sondern Sie erlauben, was Ihre Kinder nutzen dürfen. Alles andere bleibt off limits. Die Kids können sich dabei auch ihre eigene Favoriten-Liste anlegen und haben natürlich auch ihr eigenes Karussell.

Wer einen Blick auf FreeTime werfen will, müsste seinen Account temporär auf die USA ummelden. Die App liegt nämlich auch schon auf den deutschen Fire-HD-Modellen bereit. Mit dem kostenlosen Programm ES File Explorer aus dem Amazon-Appstore können Sie sie starten. Oder besser: könnten, wäre Ihr Amazon-Konto im US-Shop registriert.

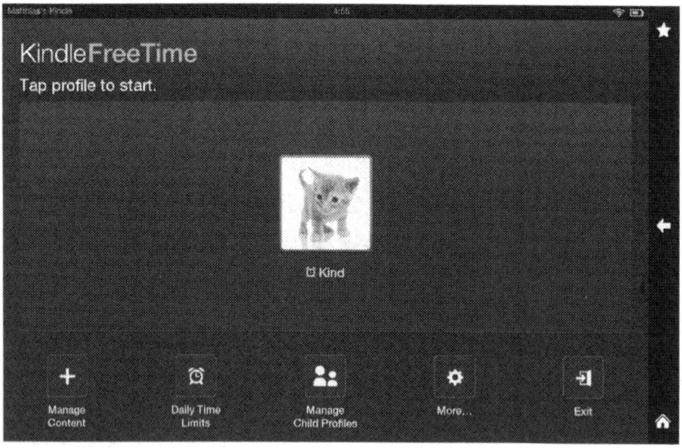

Töne und Bildschirm

In diesem Bereich der Einstellungen kümmern Sie sich um den »Nervfaktor« des Kinde Fire HD und um sein Display. Mit Nervfaktor meine ich, wie das Gerät Sie auf neue Nachrichten aufmerksam macht. Der Punkt »Alle Benachrichtigungen lautlos stellen« ist dabei das größte Geschenk. Oder mögen Sie es, wenn es dauernd irgendwo piepst?

Außerdem haben Sie hier die Wahl zwischen unterschiedlichen Benachrichtigungstönen, können Dolby Digital ausschalten (warum immer man das tun sollte) und die Helligkeit des Bildschirms verändern. Das dient ebenso dem Energiesparen wie der Ruhemodus, für den Sie hier die Wartezeit definieren können. Mir sind die vorgegebenen 5 Minuten immer etwas zu knapp ...

Drahtlosverbindung

Da Funknetze, auch WLAN oder WiFi-Netz genannt, stationär sind, ist nach einem Ortswechsel (vom Zuhause ins Büro oder in den Urlaub) eine erneute Einrichtung nötig. Immerhin merkt sich der Kindle Fire HD, was Sie ihm früher beigebracht haben: Wenn Sie aus dem Urlaub wieder nach Hause kommen, verbindet er sich ohne Ihr Zutun mit dem bereits bekannten Funknetz.

Woher nehmen? Damit Sie in Ihrer Wohnung auf ein WLAN zugreifen können, müssen Sie dieses zunächst eingerichtet haben – Sie können im Normalfall nicht einfach das Netz Ihrer Nachbarn benutzen. Wenn Sie bereits mit einem unverkabelten Computer (etwa Notebook oder iPad) im Internet surfen, dann besitzen Sie auch ein geeignetes WLAN. Nun müssen Sie nur noch dessen Namen herausfinden und das zugehörige Passwort in Erfahrung bringen.

Dieses Kennwort ist nicht mit Ihrem Amazon-Kennwort identisch. Vielmehr wurde es vom Hersteller Ihres WLAN-Routers voreingestellt oder aber von Ihnen oder einem Helfer beim Einrichten Ihres WLANs neu vergeben. Oft ist es auf der Unterseite des WLAN-Routers aufgedruckt oder im Router-Handbuch abgedruckt. Den Router finden Sie in der Nähe Ihres Telefonanschlusses, es handelt sich meist um eine kleine Plastikschachtel mit mehreren bunten Lämpchen. Manchmal wird es auch Netzwerk-Schlüssel, Passphrase, Security Key oder Netzwerk-Kennwort genannt. Wenn Sie das Kennwort auf keinem dieser Wege finden, müssen Sie sich mit Hilfe des Router-Handbuchs in die Verwaltungs-Oberfläche Ihres Routers einklinken – wie das genau funktioniert, ist von Modell zu Modell aber sehr verschieden.

Den Namen Ihres Funknetzes haben Sie bei dessen Einrichtung festgelegt. Wenn Sie die Vorgabe des Herstellers des WLAN-Routers verwendet haben, besteht er meist aus der Gerätebezeichnung und einem Code, etwa »EasyBox-1AD865« oder »Fritz!Box 3170«. Sie konnten bei der Einrichtung aber auch völlig eigene Bezeichnungen einsetzen. Einige Hersteller drucken den Standard-Namen des WLANs auf die Unterseite des Routers oder ins Handbuch, er wird oft auch SSID genannt. Wenn Sie sich nicht mehr sicher sind, können Sie entweder nachsehen, mit welchem WLAN Ihr Computer verbunden ist oder auch einfach die vorhandenen WLANs mit Ihrem Kennwort durchprobieren.

Haben Sie Name und Kennwort des WLANs ermittelt, können Sie mit der WLAN-Einrichtung starten. Tippen Sie im erweiterten Einstellungsmenü auf Drahtlosverbindung. Eventuell müssen Sie diese erst auf »An« schalten. Danach sollte der Kindle Fire HD all die Funknetze auflisten, die er gefunden hat. Tippen Sie auf den Namen, der Ihnen bekannt vorkommt, und geben Sie dann über die Bildschirmtastatur das Kennwort ein. Das war's schon!

Gerät

Im Bereich »Gerät« bekommen Sie einerseits Informationen über Ihren Fire HD, andererseits starten Sie dort wichtige Aktionen. Unter »Info« etwa finden sich Seriennummer und WLAN-MAC-Adresse, aber auch der Punkt »Ihren Kindle aktualisieren«. Der Button ist allerdings nur aktiv, wenn ein Update verfügbar ist.

Der Menüpunkt »Speicher« berechnet, wieviel Platz die einzelnen Inhaltstypen auf Ihrem Gerät einnehmen.«Akkuladung« sowie »Datum und Uhrzeit« sind selbsterklärend.

Wichtig ist die Option »Installation von Anwendungen zulassen«. Dieser ist im Auslieferungszustand auf »Aus« gestellt. Wenn Sie Apps nur aus dem Amazon-Store beziehen wollen, können Sie es dabei belassen. Wollen Sie aber auch andere Anwendungen nutzen, die es dort nicht gibt, müssen Sie auf »An« umschalten. Im letzten Kapitel erkläre ich, wie das Einrichten fremder Apps funktioniert.

Letzter Menüpunkt im Geräte-Bereich ist »Auf Werkseinstellung zurücksetzen«. Nach Rückfrage passiert genau das: Der Inhalt Ihres Kindle Fire HD wird komplett gelöscht. Wenn Sie Ihr Tablet verkaufen wollen, ist das ein wichtiger Schritt. Der Kindle Fire HD ist danach jungfräulich und nicht einmal auf ein Konto registriert.

Standortbasierte Dienste

Diese Einstellungs-Option legt fest, ob Apps generell auf Ihren Standort zugreifen dürfen. Der Fire HD besitzt zwar kein GPS-Modul, kann aber über WLAN Ihre ungefähre Position ermitteln. Dazu nutzt er (wie andere Handys und Tablets) große Datenbanken aller WLAN-Standorte weltweit. Dazu muss das Gerät den Namen Ihres WLANs und die Signalstärke an Amazon übermitteln.

Auf dem Fire HD spielen standortbasierte Dienste eine geringere Rolle als auf einem Smartphone, deshalb können Sie die Einstellung auf »Aus« belassen. Es sei denn, Sie wollen Dienste wie Karten-Apps nutzen. Wenn standortbasierte Dienste aktiv sind, sehen Sie in der Statusleiste am oberen Bildschirmrand neben dem WLAN-Symbol ein Orts-Symbol, das einen Kreis mit Kreuz zeigt.

Sprache und Tastatur

Bei in Deutschland ausgelieferten Fire-HD-Modellen sind hier bereits Deutsch (Deutschland) und Deutsch (für die Tastatur) eingetragen. Falls Sie Ihr Gerät importiert haben, können Sie an dieser Stelle die gewünschten Länder-Einstellungen vornehmen.

Sicherheit

Unter »Sicherheit« hat Amazon ein paar Optionen vereint, die erst auf den zweiten Blick interessant sind. Vielleicht bis auf das »Passwort zum Entsperren des Bildschirms« in der obersten Zeile. Wenn Sie befürchten, dass Ihr Fire HD gestohlen werden könnte, dürfen Sie hier ein Kennwort festlegen, das zum Entsperren des Displays angefordert wird. Sie kennen das vielleicht von Ihrem Handy.

Die Optionen »Anmeldedatenspeicher«, »VPN« und »Geräteadministratoren« sind für Firmenanwender interessant. Amazon bietet spezielle Tools, die die Verwaltung mehrerer Tablets in einem Unternehmen erleichtern.

VPN dient der Einbindung des Kindle in ein virtuelles Firmennetzwerk, Amazon verweist an dieser Stelle allerdings nur auf den Store, in dem man sich entsprechende Apps herunterladen soll. Das kann auch für Nutzer spannend sein, die mit ihrem Fire HD in einem Land unterwegs sind, das viele Websites sperrt. Mit Hilfe eines VPN kann man solche Sperren umgehen.

Wichtig ist aber der Punkt »ADB aktivieren«. Darüber lassen Sie eine spezielle Art des Zugriffs auf Ihren Fire HD zu, der zwar primär für Entwickler gedacht ist, aber auch dabei hilft, den Fire HD zu rooten, um ihn etwa mit dem Google Play Store auszustatten. Wie das funktioniert, erfahren Sie im *Tipps&Tricks*-Kapitel.

E-Mail, Kalender und Kontakte einrichten

Wenn Sie zum ersten Mal eine der Apps »Kontakte«, »Email« oder »Kalender« starten, führt der Fire HD Sie in die Konto-Einstellungen. Dasselbe Menü erreichen Sie ebenfalls über »Einstellungen« ➜ »Anwendungen« oder über »Einstellungen« ➜ »Mein Konto«. Und schließlich können Sie es auch noch über das Kontext-Menü rechts oben in jeder dieser Apps aufrufen, das wie eine Akten-Ablage aussieht.

Die ersten drei Untermenüs betreffen allgemeine Einstellungen speziell für jede der drei Apps. Etwa wie Ihre Kontakte geordnet werden sollen, in welcher Schriftart E-Mails angezeigt werden oder wann der Kalender Sie an Termine erinnern soll. Diese Optionen sind selbsterklärend.

Spannend wird es aber bei »Konto hinzufügen«. Von drei Anbietern kann der Fire HD sowohl E-Mails als auch Kontakte und Kalendereinträge synchronisieren. Das sind »Exchange«, »Gmail« und »Hotmail«. Direkt hinter den Namen der Anbieter können Sie lesen, was Sie damit synchronisieren können.

Wenn Sie im Büro Ihre Mails mit Outlook versenden – oder überhaupt eine Firmen-Mailadresse besitzen – stehen die Chancen gut, dass Sie die Einstellung »Exchange« verwenden können. Dann geben Sie zunächst Name, Mailadresse und Kennwort an und tippen auf »weiter«. Der Fire HD fragt nun den Namen des Exchange-Servers ab. Wie der lautet, müssten Sie den Administrator in Ihrer Firma fragen. Im günstigsten Fall vielleicht mail. ihre-domain? Wer nur einen Internetzugang für zuhause hat, besitzt in der Regel KEIN Exchange-Konto. Bei T-Online ist es allerdings möglich, auch ein Exchange-Konto zu bekommen.

Dazu braucht das Gerät erneut Ihr Passwort und den Benutzernamen für das Konto (meist die Mailadresse oder aber der Teil der Mailadresse vor dem @-Zeichen). Wenn Sie alles eingetippt haben, versucht die Software, eine Verbindung herzustellen. Falls das nicht gelingt, haben Sie noch zwei Optionen: Aktivieren Sie zunächst im zweiten Einstellungsschirm »Alle Zertifikate akzeptieren«. Reicht das nicht, können Sie auch noch SSL deaktivieren. Kommen Sie auch danach noch nicht auf Ihren Firmen-Mailserver, werden Sie das Tablet wohl mit ins Büro nehmen und den Admin fragen müssen …

Einfacher läuft der Prozess bei Gmail und Hotmail (für Email, Kontakte und Kalender) sowie bei AOL (nur Mail) und Yahoo (ohne Kalender). Hier müssen Sie wirklich nur Name, Mailadresse und Kennwort eingeben, die Software kennt den

Rest schon. Eine fiese Fall lauert allerdings bei Gmail: Hier funktioniert das Synchronisieren des Kalenders nicht, wenn Ihre E-Mail-Adresse auf googlemail.com endet. Sie können in Gmail über das Einstellungsmenü (»Konten und Import«) aber auch eine gmail.com-Adresse wechseln. Dann funktioniert es problemlos!

Sie haben Ihr Konto bei GMX, Web.de oder einer anderen nicht aufgeführten Firma? Dann benutzen Sie die Option »anderer Provider«. Hier geben Sie zuerst Ihre Daten ein – Name, E-Mail-Adresse und Passwort. Wenn Sie jetzt auf »weiter« tippen, versucht der Fire HD, mit den »üblichen« Standard-Einstellungen die Verbindung herzustellen. Das klappt zum Beispiel bei GMX. Wenn nicht, haben Sie immer noch die Möglichkeit, sich mit dem »manuellen Einstellen« zu behelfen. Hier brauchen Sie ein paar Daten, die Ihr Provider normalerweise auf seinen Hilfe-Seiten zur Verfügung stellt, nämlich die Servernamen für Pop3 oder Imap, ob die Daten verschlüsselt gesendet werden sollen und auf welchen Ports die Kommunikation abläuft. Ports sind quasi verschiedene Eingangstüren in den Server. Weiter unten finden Sie für die gängigen Provider die passenden Daten.

Sollten Sie Pop3 oder IMAP wählen? Der Kindle Fire HD unterstützt beides. IMAP bietet mehr Komfort, nämlich eine echte Synchronisation zwischen all Ihren Geräten und dem Server. Was Sie auf dem Fire HD löschen, wird auch auf dem Server gelöscht. Was Sie lesen, gilt auch auf dem Server als gelesen. Wenn Sie also im Büro denselben Posteingang abfragen, haben Sie die Ergebnisse Ihrer Arbeit auf dem Fire HD schon vor sich. Bei Pop3 hingegen haben Sie nur die Wahl, auf den Fire HD heruntergeladene Mails auf dem Server zu löschen (sie lassen sich dann nie wieder woanders abrufen!) oder nicht – in letzterem Fall landen alle Mails aber auch als ungelesen auf ihrem Computer. Nicht jeder Provider unterstützt allerdings IMAP.

Beim kostenlosen Postfach von Web.de gibt es übrigens eine kleine Hürde: Der Postabruf ist nur alle 15 Minuten erlaubt. Falls Sie nun noch irgendeine andere E-Mail-Software, etwa auf dem PC oder dem Blackberry, mit Ihrem Web.de-Account benutzen, dann kommt der Fire HD nie an Ihre Post! Bevor Sie ein Web.de-Postfach auf dem Fire HD einrichten, sollten Sie also unbedingt alle anderen E-Mail-Programme deaktivieren. Beachten Sie bei diesem Provider, dass das @web.de Teil des Benutzernamens ist. Wenn Sie trotzdem noch immer Probleme haben (das gilt auch für GMX-Kunden): Probieren Sie es mal mit dem kostenlosen E-Mail-Programm K-9 Mail.

Daten wichtiger Provider

Freenet

Posteingang: mx.freenet.de (Pop3+IMAP), Port 995, Sicherheit: SSL/TLS

Postausgang: mx.freenet.de, Port 587, Sicherheit: SSL/TLS

Web.de

Posteingang: pop.web.de (Pop3), Port 110, imap.web.de (IMAP), Port 143, Sicherheit: keine

Postausgang: smtp.web.de, Port 587, Sicherheit: SSL/TLS oder keine

T-Online

Posteingang: popmail.t-online.de (Pop3, Port 110), secureimap.t-online.de (IMAP, Port 993, Sicherheit: SSL/TLS)

Postausgang: securesmtp.t-online.de, Port 587, Sicherheit: STARTTLS
Exchange: activesync.t-online.de

1&1
Posteingang: pop.1und1.de (Pop3, Port 995, Sicherheit: SSL/TLS), imap.1und1.de (Port 993, Sicherheit: SSL/TLS)
Postausgang: smtp.1und1.de, Port 25, mit Anmeldung, Sicherheit: nein

Strato
Posteingang: pop3.strato.de (Pop3, Port 995, Sicherheit: SSL/TLS), imap.strato.de (IMAP, Port 993, Sicherheit: SSL/TLS)
Postausgang: smtp.strato.de (Port 465, mit Anmeldung, Sicherheit: SSL/TLS)

Wenn Ihr Anbieter nicht darunter ist, finden Sie sicher auf seiner Website die nötigen Angaben. Oder Sie sehen in dieser langen Liste im Web nach: *http://www.patshaping.de/hilfen_ta/pop3_smtp.htm*

Daten auf den Fire HD übertragen

Amazon bietet Ihnen zwar jede Menge Inhalte zum Kauf an, aber vermutlich wollen Sie auch ein paar Ihrer eigenen Dateien weiter benutzen. Das ist auf ganz unterschiedlichen Wegen problemlos möglich.

Per USB

Der einfachste Weg, Daten auf den Kindle Fire HD zu übertragen, liegt bereits in der Packung des Geräts: Ich meine das USB-Kabel. Das können Sie nicht nur zum Aufladen benutzen, sondern auch für die Datenübertragung.

Am einfachsten haben es dabei Tablet-Nutzer, die einen Computer mit einer Windows-Version ab Vista (also auch Windows 7 oder 8) besitzen. Hier reicht es, das Gerät via USB mit dem PC zu verbinden, und schon fragt Windows Sie, ob Sie Dateien an das Gerät übertragen möchten.

Wer noch Windows XP nutzt, muss zuerst auf den Windows Media Player 11 *(http://www.microsoft.com/de-de/download/details.aspx?id=8163)* updaten, sonst wird der Fire HD nicht erkannt. MacOS-Nutzer hingegen haben die Android-Treiber noch nicht an Bord. Diese müssen Sie zuerst von *www.android.com/filetransfer/* herunterladen.

Linux-Anwender brauchen einen MTP-USB-Treiber – der sollte in den neueren Distributionen eigentlich schon enthalten sein.

Ist Ihr Computer für die Übertragung bereit? Dann noch ein Hinweis, was Sie am besten wo ablegen beziehungsweise finden. Diese Verzeichnisse sind wichtig:

DCIM – Bilder der eingebauten Kamera (siehe Tipps und Tricks)

Documents – laden Sie hier Dokumente ab, die Sie auf dem Kindle Fire HD verwenden wollen, zum Beispiel auch Apps

Music – Musikdateien, die Sie im Amazon-Store gekauft haben. Die MP3-Dateien von dort besitzen keinen Kopierschutz, Sie können sie also problemlos auf anderen Geräten verwenden. Weitergabe ist jedoch nicht erlaubt. Der Fire HD kann MP3- und AAC-Dateien (Endung M4A) nutzen.

Pictures – unter anderem die Bildschirmfotos, die Sie mit der Screenshot-Funktion angefertigt haben

Books – Bücher im Kindle-Format (.mobi,. prc,. azw,. azw3)

Per E-Mail

Amazon hat Ihren Kindle Fire HD mit einer eigenen Mailadresse ausgestattet. Die lautet meist ihrname_nummer@kindle.com. Wenn Sie aus dem Hauptmenü »Documents« auswählen und auf »Cloud« wechseln, wird sie angezeigt. Was Sie an diese Adresse schicken, legt Amazon in Ihrem kostenlosen, maximal 5 Gigabyte großen Cloudspeicher ab, dessen Inhalt Ihr Fire HD anzeigen kann.

Die Übermittlung per Mail an die Kindle-Adresse funktioniert allerdings nur für manche Dateiformate, etwa für. DOC, jedoch (zum Beispiel) nicht für Excel-Dateien oder APK-Files (Apps).

Solche Dokumente können Sie auch an sich selbst mailen und dann mit der eingebauten E-Mail-App abrufen. Ein Tipp auf den Dateianhang speichert diesen auf dem Kindle Fire HD, egal, welcher Art die Datei ist.

Über die Cloud

Schließlich gibt es neuerdings auch das Amazon Cloud Drive. Dabei handelt es sich um eine Art virtueller Festplatte, auf die Sie von Ihrem Computer aus Daten übertragen können. Sie kennen vielleicht schon den Dropbox-Service, der ähnlich funktioniert – in den ***Tipps & Tricks*** erfahren Sie, wie Sie diesen auf dem Fire HD nutzen können.

Wer noch nie etwas davon gehört hat: Cloud Drive oder Dropbox sind Dienste, die Daten auf Computern im Netz speichern. Über eine Software (Client), die in Ihrem Gerät eingebaut ist oder nachinstalliert werden kann, erhalten Sie Zugriff darauf, als lägen die Dateien auf dem eingebauten Speicher. Jedoch nur, solange Sie eine Internetverbindung haben.

Für Amazons Cloud Drive müssen Sie sich zunächst von *www.amazon.com/clouddrive* eine Erweiterung für Ihren Computer herunterladen. Die gibt es für Windows Vista und Windows 7 und für MacOS X ab 10.5. Danach können Sie hemmungslos Dateien von Ihrem Rechner ins Netz laden, die später auf Ihrem Kindle Fire HD erscheinen werden. Und zwar je nach Art der Datei in den unterschiedlichen Abteilungen. Sie müssen dazu nur von der Einstellung »Gerät« zu »Cloud« wechseln. Über *https://www.amazon.de/clouddrive* können Sie den Inhalt Ihres Cloud Drives auch über jeden Webbrowser verwalten.

Lediglich bei Musik funktioniert das nicht – dazu will Ihnen Amazon nämlich den Amazon Cloud Player verkaufen (siehe »Musik und Video«), der nur für 250 Songs eine kostenlose Übertragung erlaubt. Doch es gibt einen Trick: Rufen Sie Ihren Cloud Drive über den eingebauten Webbrowser auf. Dann können Sie auch Ihre Musikdateien aus der Cloud auf Ihren Kindle laden.

Den Kundendienst kontaktieren

Irgend etwas funktioniert nicht? Sie haben die Kennwörter Ihres Amazon-Zugangs oder Ihres Kindle vergessen? Der Kindle

Fire HD lässt sich nicht mehr starten? Sie wollen einen Buchkauf stornieren? Dann brauchen Sie den Kundendienst.

Wenn Sie einen Computer mit Internetzugang griffbereit haben, rufen Sie am besten die Kundendienst-Seite bei Amazon.de auf. Selbst wenn Sie gern mit jemandem persönlich sprechen wollen: Von dieser Seite aus können Sie sich nämlich auch in einem von Ihnen wählbaren Zeitrahmen zurückrufen lassen. Sie brauchen also nicht in irgendwelchen Warteschleifen zu hängen.

Alternativ können Sie von dort aus dem Kundendienst auch eine E-Mail schreiben oder einen Chat per Tastatur starten. Der Kundendienst steht von Montag bis Sonntag von 6 bis 24 Uhr bereit. Falls Sie doch lieber gleich zum Telefonhörer greifen wollen, notieren Sie sich eine dieser Telefonnummern:

Deutschland: 08 00-3 63 84 69
Österreich: 08 00-88 66 32 38
Schweiz: 08 00-74 00 20
Kunden außerhalb dieser Länder erreichen Amazon unter +49 9 41-78 87 88

Auf dem Kindle Fire HD lesen

Wenn Sie aus der Bücherwelt zum Fire HD kommen, interessiert Sie sicher die Lesesoftware am meisten. Dass Sie über »Bücher« aufzurufen ist, haben Sie ganz bestimmt schon entdeckt.

Für Kindle-Kenner

Falls Sie bereits einen eInk-Kindle hatten, müssen Sie sich auf ein paar Unterschiede einstellen. Einige sind positiv, andere ärgerlich. Ich hatte Sie ja schon zu Beginn darauf hingewiesen, dass der Fire HD nicht das ideale Lesegerät ist. Deshalb hier klipp und klar, was er (noch) nicht kann:

Sie können keine externen Wörterbücher damit nutzen. Eingebaut sind derzeit nur Erklärungs-Wörterbücher, die nicht übersetzen.

Sie können Ihre für den eInk-Kindle abgeschlossenen Zeitungs-Abos nicht lesen. Stattdessen gibt es (andere) Medien auf dem Fire HD in der App-Rubrik.

Sie können Ihre Anmerkungen nicht wie gewohnt einfach aus der »my clippings«-Datei kopieren und weiterverarbeiten.

Die auf dem eInk-Kindle angelegten Sammlungen sind auf dem Fire HD unsichtbar – hier gibt es keine Ordner oder Regale.

Der Akku des Kindle Fire HD hält beim Lesen nicht mehrere Wochen, sondern höchstens einen Arbeitstag lang

Dafür bietet der Fire HD neue Möglichkeiten, die sich aus der anderen Technik ergeben. Bücher sehen in Farbe oft hübscher aus. PDFs lassen sich bequem darstellen. Und über separate Apps können Sie auch eBooks anderer Anbieter im ePub-Format lesen. Die Möglichkeiten, den Lesefortschritt über mehrere Geräte zu synchronisieren, sind erhalten geblieben.

Für Neueinsteiger

Als geborener Buchhändler hat Amazon große Sorgfalt darauf verwendet, das Lesen mit dem Fire HD angenehm und bequem zu gestalten. Probieren Sie es aus – es fühlt sich intuitiv an, mit dem Finger nach links oder rechts durch die Seiten zu blättern.

Wenn Sie im Hauptmenü auf »Bücher« getippt haben, landen Sie zunächst in einer Buch-Übersicht. Wenn Sie noch nie einen Kindle hatten, ist diese recht leer. Anderenfalls brauchen Sie nur in der obersten Zeile von »Gerät« auf »Cloud« zu wechseln, um all Ihre bisherigen Einkäufe zu sehen. Wenn Sie hier ein Buch antippen, lädt der Fire HD es auf seinen eingebauten Speicher.

Am rechten (oder im Hochformat am unteren) Bildschirmrand finden Sie ein Kontext-Menü (drei waagerechte Striche), mit dem Sie die Übersicht von Raster- auf Listenansicht umschalten können. Mit Hilfe des Lupen-Symbols rufen Sie die Suchfunktion auf. Wenn Sie im oberen Bereich auf »Cloud« umschalten, sehen Sie all Ihre Anschaffungen. Bücher, die sich bereits auf dem Gerät befinden, tragen in dieser Liste ein Häkchen.

Ein Buch öffnen Sie, indem Sie kurz darauf tippen. Wenn es noch nicht auf dem Gerät ist, wird es zunächst heruntergeladen. Längeres Tippen ruft ein Kontextmenü auf. In der Buchansicht sehen Sie zunächst nur den Text sowie die Anzeige des Lesefortschritts in Positionen (wenn im Buch verfügbar: auch Seitenzahlen) und Prozent. Verschieben Sie einfach den Knopf auf der Leiste, um schnell zu blättern.

Alle weiteren Einstellungen können Sie treffen, indem Sie in die Mitte der Buchseite tippen. Das dann erscheinende Menü bietet fünf Optionen (siehe unten). Bei den Einstellungen geht es um die Textdarstellung. Sie die Schriftgröße (in zehn Stufen) und die Randbreite (in drei Stufen) beeinflussen, die Farbe des Hintergrunds verändern und haben die Wahl unter fünf Schriftarten. Text-to-Speech, also der Vorlesemodus, ist derzeit für kein deutsches Buch verfügbar.

Wenn Sie das »Gehe zu«-Symbol antippen, bringt Ihr Tablet das Inhaltsverzeichnis des eBooks auf den Schirm. Hier können Sie das gewünschte Kapitel direkt anspringen, zu einer bestimmten Position wechseln oder sich von dem Gerät zur bei Amazon gespeicherten letzten Leseposition navigieren lassen.

Das »Notizen«-Menü bringt Sie zu all den Anmerkungen und Lesezeichen, die Sie für das aktuelle Buch bereits angelegt haben. Der Fire HD kennt im Grunde drei verschiedene Arten von Anmerkungen. Um eine Notiz oder eine Markierung anzulegen,

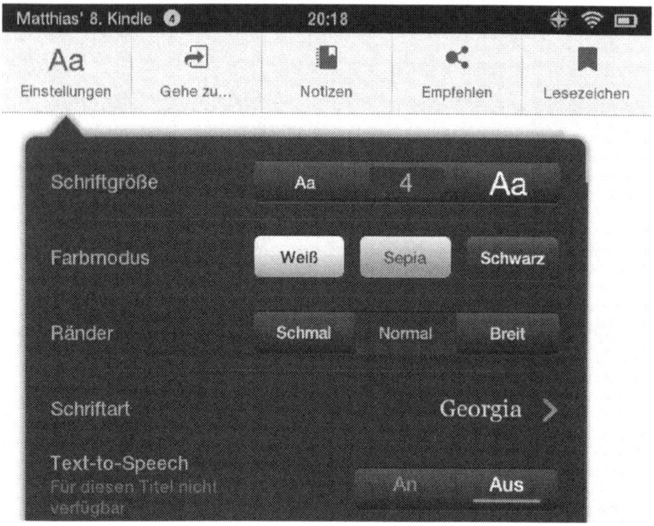

müssen Sie etwas länger auf ein Wort tippen. Es erscheint dann eine von zwei Markern eingerahmte Markierung. Die Marker können Sie mit dem Finger auch auf weitere Wörter erweitern. Parallel versucht der Fire HD, im Wörterbuch eine Erklärung der markierten Textstelle zu finden.

Jetzt müssen Sie wählen, was Sie erstellen wollen. Soll es eine Notiz sein, fragt das Gerät Sie danach, was Sie zu der Textstelle aufschreiben wollen. Wenn Sie dann auf »Speichern« tippen, merkt es sich Ihre Anmerkung zusammen mit der Textstelle. Im Text ist das Wort nun unterlegt und mit einem kleinen Sternchen beziehungsweise blauen »Fleck« versehen. »Öffentliche Notizen«, die Sie vielleicht noch von anderen Kindles kennen, zeigt der Fire HD nicht direkt im Text an, vermutlich waren zu viele Leser davon irritiert.

Bei einer Markierung brauchen Sie nichts weiter einzugeben. Der Fire HD merkt sich, was Sie markiert haben, und stellt das Wort im Text unterlegt dar.

Eine Empfehlung teilt der Fire HD über die Website kindle.amazon.com sowie (wenn Sie Ihre Konten eingerichtet haben) auch über Facebook und Twitter mit anderen Nutzern. Der Text wird jedoch nicht sofort gepostet, wenn Sie auf »Empfehlen« tippen. Stattdessen bekommen Sie zunächst die Möglichkeit, eigene Erklärungen zu ergänzen. Außerdem listet der Fire HD, was andere Nutzer zuletzt aus dem gerade offenen Buch geteilt haben.

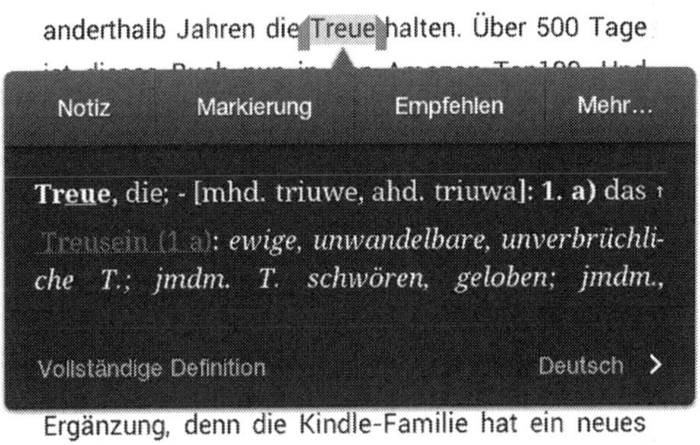

Schließlich wären dann noch die Nachschlage-Funktionen, allen voran das Wörterbuch. Falls Ihr Reader die Sprache des Wortes erkannt hat, haben Sie bereits die Erklärung auf dem Schirm. Wenn Sie auf den Namen der Sprache tippen, können Sie aber auch manuell etwa zu Englisch oder Spanisch wechseln. Mit einem Tipp auf »Mehr ...« bekommen Sie zusätzlich angeboten, im Buch, in der deutschen Wikipedia oder im Web nach dem Begriff zu suchen. Bei Wörtern mit Umlauten funktioniert die Wikipedia-Suche derzeit meist nicht, da die Leseapp die Wörter nicht korrekt HTML-kodiert an den Webbrowser übergibt.

Bücher löschen

Tippen Sie in der Übersicht etwas länger auf den Buchtitel, bis ein Kontextmenü erscheint. Wählen Sie daraus »Vom Gerät löschen« – das eBook taucht nun wieder ohne Häkchen in der Cloud auf.

Bücher leihen

Wer das Amazon-Prime-Programm für 29 Euro pro Jahr abonniert hat, kann neuerdings auch eBooks ausleihen, und zwar eines pro Monat. Rückgabefristen gibt es nicht. Sie können aber erst ein neues eBook ausleihen, wenn Sie das alte zurückgegeben haben.

Die Leihbibliothek finden Sie, wenn Sie über »Bücher« den »Shop« aufrufen. Dort versteckt sie sich im Bereich »Stöbern«. Es stehen über 200.000 Titel bereit, darunter rund 8000 in deutscher Sprache. Bücher aus Verlagen sind darunter noch relativ rar.

Bücher aktualisieren

Ein Vorteil des Kindle besteht darin, dass Autoren ihre Bücher im Prinzip jederzeit aktualisieren können. Allerdings merken Sie als Käufer davon nur etwas, wenn Sie zufällig bei Amazon vorbeischauen und das in der Buchbeschreibung vermerkt ist. Schöner wäre es, erschiene das aktualisierte Buch automatisch auf Ihrem Kindle Fire HD.

Das funktioniert derzeit noch nicht. Das Problem besteht

wohl darin, dass bei einer Aktualisierung Anmerkungen und Lesefortschritt zurückgesetzt werden – und das will vielleicht nicht jeder Leser ungefragt. Am besten, Sie prüfen zunächst unter *www.amazon.de/myk*, ob eine Aktualisierung des Buchs vorliegt. Wenn ja, können Sie sich über den »Aktionen«-Button am rechten Rand ganz bequem die neuere Version selbst überspielen.

Anderenfalls kommen Sie um einen Anruf beim Amazon-Kundendienst nicht herum. Schildern Sie, welches Buch Sie in der aktuellsten Version haben wollen, der Service erledigt zuverlässig den Rest. Buchautoren haben die Möglichkeit, den Service zu bitten, alle Leser über die bereitstehende Aktualisierung zu informieren. Die Leser erhalten dann eine E-Mail von Amazon, die sie mit »Ja« beantworten müssen.

Bücher verschenken

Um über Amazon.de Bücher zu verschenken, muss man einen Geschenkgutschein ordern. Den kann der Beschenkte allerdings für ein beliebiges Buch einsetzen (oder für etwas ganz anderes). Achtung, der Gutschein muss vor dem Kauf eingelöst werden.

Im US-Kindle-Store hingegen funktioniert das Verschenken einzelner Bücher bereits. Dazu muss man sein Konto lediglich zeitweise auf Amazon.com ummelden. Der mit dem Buch Bedachte erhält eine Nachricht und kann das eBook dann kostenlos auf seinen Kindle (oder eine Kindle-App) laden. Natürlich ist man auf das Angebot des US-Store beschränkt. Auch die Bezahlung per Bank-Abbuchung kennt Amazon. com nicht.

Zeitungen und Zeitschriften

Die vom eInk-Kindle gewohnten Zeitungsabos erscheinen auf dem Fire HD nicht. Stattdessen können Sie Zeitungen und Zeitschriften als App beziehen. Viele Verlage bieten auch PDF-ePaper an, die der Fire HD sehr schön anzeigt. Und schließlich können Sie sich auch noch die Zinio-App installieren, die ebenfalls viele Magazin-Abos bietet (siehe ***Tipps & Tricks***).

Unterstützte Buchformate

Ob kostenlos oder kommerziell – damit ein Buch auf dem Kindle Fire HD angezeigt werden kann, muss es im geeigneten Format daherkommen. Dazu gehören im einzelnen:

AZW
Das Amazon-eigene AZW-Format basiert auf dem Mobipocket-Format (s.u.) und ist Kindle-exklusiv. Die meisten Bücher in diesem Format besitzen einen Kopierschutz. Das heißt auch, dass man sie nicht direkt von Kindle zu Kindle kopieren kann – man muss sie via Kindle oder Kindle-App vom Amazon-Server laden. Wenn Sie den Kindle Fire HD via USB an Ihren PC anschließen, sehen Sie, dass ein AZW-File von weiteren, bis auf die Dateiendung gleichnamigen Dateien begleitet werden kann. Lesezeichen und Anmerkungen liegen in einer MBP-Datei. Anmerkungen der Community (»Popular Highlights») hält eine PHL-Datei bereit. Seitenzahlen sind, wenn für ein Buch verfügbar, in einer APNX-Datei gespeichert. Die Informationen und Buchtipps, die Ihnen am Ende eines Buchs

angezeigt werden, sind in einer EA-Datei aufgeführt. Bücher im neuen KF8-Format haben die Endung AZW3.

TPZ / AZW1

Das nicht sehr weit verbreitete Topaz-Format ist eine Eigenentwicklung von Amazon. Es kann zum Beispiel auch eigene, spezielle Schriftarten enthalten. Kopierschutz ist Standard. Die Lesezeichen liegen hier in einer begleitenden TAN-Datei.

MOBI / PRC

Entwickelt von der französischen Firma Mobipocket, ist es heute eines der im Netz häufigsten Formate für eBooks – vor allem für frei verfügbare. Mobi- oder PRC-Dateien können aber auch einen Kopierschutz besitzen. Dann sind sie auf dem Kindle leider nicht zu gebrauchen. Das ist unverständlich, wenn man bedenkt, dass Mobipocket inzwischen von Amazon gekauft wurde. Der von Mobipocket entwickelte »Mobipocket Creator»ist ein hilfreiches Werkzeug, um selbst Amazon-eBooks erstellen zu können.

PDF

Manche Online-Buchläden verkaufen eBooks auch im PDF-Format – jedoch so gut wie immer mit Kopierschutz (DRM), erkennbar am Zusatz »Adobe Digital Edition». Solche PDFs kann der Kindle Fire HD nicht öffnen. Gewöhnliche PDFs jedoch, die Sie selbst erstellt haben oder aus dem Web laden, öffnet der Fire HD problemlos.

ePub

Das ePub-Format ist ein Standard-Format für eBooks, das alle Hersteller außer Amazon (und teilweise auch Apple) verwenden. Der Fire HD kann es nicht von sich aus anzeigen, er lässt sich aber dazu überreden – siehe ***Tipps & Tricks***.

Kostenlose Bücher

Amazon stellt selbst einige hundert kostenlose Titel im Kindle-Store bereit, meist Klassiker. Weitere sind im Lauf der Gratis-Aktionen verfügbar, die viele Self Publisher veranstalten. Doch es gibt ja Jahrtausende menschlicher Kreativität, die auch in Buchform verfügbar ist. Das Gutenberg-Projekt und auch Google befassen sich seit Jahren damit, Bücher für die Allgemeinheit zugänglich zu machen, deren Urheberrechte erloschen sind.

Im Kindle-Store finden Sie diese, wenn Sie auf seiner Startseite ganz an den unteren Bildschirmrand navigieren. Ich verspreche Ihnen, Sie werden viele Lieblingsbücher Ihrer Kindheit wiederfinden, von Jules Verne bis Karl May, und dazu echte Perlen der Weltliteratur. Und zwar in deutscher Sprache, zur sofortigen Lieferung.

Das genügt Ihnen nicht? Hier ist eine Liste mit weiteren Buch-Archiven. Was Sie dort finden, können Sie meist direkt mit dem Webbrowser des Kindle auf Ihr Gerät laden. Allerdings landen Downloads zunächst im Ordner Downloads. Damit Sie das Buch lesen können, müssen Sie es mit einem Datei-Manager (Empfehlung: der kostenlose ES File Explorer aus dem Amazon-Appstore) vom Ordner Downloads in den Ordner Books übertragen. Wenn Sie dann erneut das Bücher-Menü aufrufen, sollten Sie das neue Buch sehen.

Gutenberg-Projekt
http://www.gutenberg.org/
Über 33.000 kostenlose eBooks in fast allen Sprachen der Welt, die Sie direkt in einem für den Kindle geeigneten Format herunterladen können. In den »Categories»finden Sie übrigens auch ein deutschsprachiges Bücherregal. Bei freekindlebooks.org finden Sie auch einen Katalog im eBook-Format, der Direkt-Links zu den Gutenberg-eBooks enthält. Sehr praktisch:
*http://www.freekindlebooks.org/MagicCatalog/MagicCatalog.*mobi

Google eBookstore
http://books.google.com/ebooks
Die Ergebnisse von Googles Scan-Aktion – vor allem im PDF-Format. Achten Sie hier darauf, nicht die Variante für E-Reader auszuwählen, sondern die PDF-Version. Google will hier auch Bücher zum Kauf anbieten, die nicht mit dem Kindle kompatibel sind.

Mobileread Download Guide
Die beliebte E-Reader-Website Mobileread fasst alle dort erhältlichen, vorwiegend englischen Kindle-eBooks in einem eigenen, täglich aktualisierten eBook zusammen, dem Mobileread Download Guide. Eine originelle Idee! Das eBook ist kostenlos wie auch die Bücher, die man darüber beziehen kann. Autoren listet es nach Alphabet.
http://www.mobileread.com/mobiguide

RetroRead.com
Ein Kindle-freundlicher »Aufsatz« für books.google.com, der Ihnen die dort erhältlichen kostenlosen Bücher gleich als Kindle-kompatible Dateien liefert.

http://www.retroread.com/

Internet Archive
http://www.archive.org/details/texts

2,8 Millionen Texte in allen Sprachen der Welt, die hier kostenlos zur Verfügung stehen, auch in Kindle-geeigneten Formaten. Über die »Advanced Search»können Sie auch Bücher in Deutsch herausfiltern – geben Sie dazu im »Custom Field»den Parameter »language»an und im Wertefeld daneben »german».

Open Library
http://openlibrary.org

Über eine Million Titel, die Sie direkt an den Kindle senden lassen können oder als Kindle-kompatibles File downloaden dürfen.

ManyBooks
http://www.manybooks.net

Über 30.000 ausgewählte Bücher (teilweise aus dem Gutenberg-Projekt), die man direkt im Kindle-Format überspielen kann.

Aktuelle Buch-Verschenk-Aktionen

Seit Anfang 2012 hat die Anzahl der Aktionen rapide zugenommen, bei denen deutsche Verlage oder Autoren über Amazon ihre eBooks verschenken. Diese Aktionen dauern meist nur wenige Tage. Wenn Sie nichts verpassen wollen, sollten Sie regelmäßig bei diesen Websites vorbeischauen:

- XTME *http://www.xtme.de/* – täglich aktualisierte Liste mit kostenlosen eBooks (auch via Facebook und Twitter)
- Amazon-Forum »Kindle«, Thread: Aktuell kostenlose deutsche Kindle-Bücher *(http://www.amazon.de/forum/kindle/ref=cm_cd_pg_oldest?_encoding=UTF8&cdForum=Fx2GSZQCKNBOV5W&cdPage=1&cdSort=newest&cdThread=Tx014VX15MUAPY)*
- Amazon-Forum »eBook«, Thread: Listen Sie Ihre Kostenlosen eBooks Hier (GRATIS – FREE) *(http://www.amazon.de/forum/ebook/ref=cm_cd_tfp_ef_tft_tp?_encoding=UTF8&cdForum=Fx1H8M7DVQYOH31&cdThread=Tx1NGVVMAWVO01)*
- e-Reader-Forum, im Thread »Gratis bei Amazon *(http://www.e-reader-forum.de/ebooks/kostenlose-e-books/5291-gratis-bei-amazon/index2.html)*«
- e-Reader-Forum, im Thread »Kostenlose eBooks – Tipps für Kindle *(http://www.e-reader-forum.de/sonstiges/werbung/5040-kostenlose-ebooks-tipps-f%C3%BCr-kindle/index9.html)*«
- E-Literati.de: *http://www.e-literati.de/category/deutsche-gratis-kindle-ebooks/*

Archiv-Verwaltung bei Amazon

Verwalten können Sie Ihr Buch-Archiv nur begrenzt auf dem Kindle Fire HD. Bequemer ist es teilweise auf den Amazon-Servern. Dafür rufen Sie von Ihrem Computer oder vom Fire-Webbrowser aus die Seite Mein Kindle auf – *www.amazon.de/myk*. Wenn Sie noch nicht eingeloggt sind, müssen Sie die

E-Mail-Adresse und das Kennwort Ihres Amazon-Accounts eingeben. Anschließend gelangen Sie auf diese Übersichtsseite:

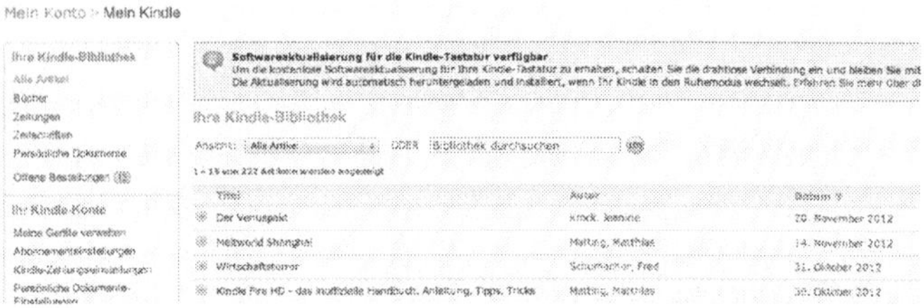

All Ihre Bücher, Zeitungen und persönlichen Dokumente sind hier säuberlich aufgelistet. Wenn Sie links auf eine Dokumentart klicken, werden die vorhandenen Dateien rechts aufgeführt. Zunächst werden die zuletzt erworbenen Dokumente als erste dargestellt. Sie können die Liste aber umsortieren, indem Sie auf Titel, Autor oder Datum klicken. Wenn Sie das kleine Plus vor dem Buchtitel anklicken, bekommen Sie weitere Details mitgeteilt und das Cover angezeigt. So können Sie sogar noch herausfinden, wie das eBook bezahlt wurde.

Von der Übersichtsseite aus können Sie veranlassen, dass ein Buch an einen Ihrer Kindles oder an eine Kindle-App geschickt wird. Dazu müssen Sie den Aktionen-Knopf am Ende der Zeile betätigen. Es erscheint das folgende Menü:

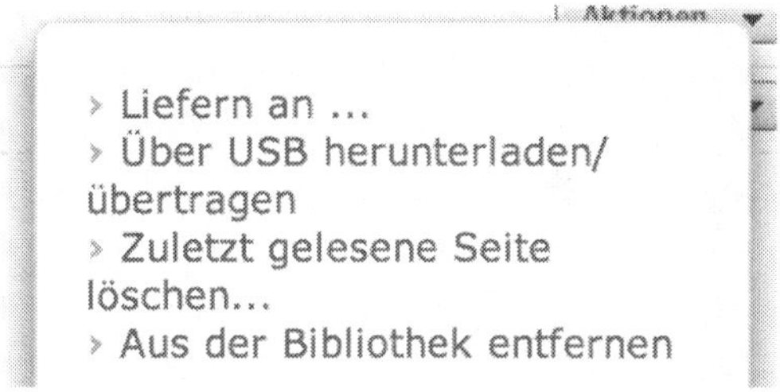

Wenn der Kindle, an den das Buch gehen sollen, in ein WLAN-Funknetz eingebunden ist, benutzen Sie am besten »Liefern an ...«. Es erscheint eine Auswahlseite, in der Sie lediglich den gewünschten Kindle oder Kindle Fire festlegen müssen. Hier ist auch die Auswahl von Kindle-Apps möglich.

Wenn Sie nun auf »Liefern« klicken, holt sich der ausgewählte Kindle Fire HD beim nächsten Synchronisieren das eBook. Alternativ bleibt Ihnen der Weg über das USB-Kabel. Dazu klicken

Sie im Aktionen-Menü auf »Über USB herunterladen«. Auch hier haben Sie wieder die Wahl (falls Sie mehrere Kindles besitzen). Kindle-Apps können Sie so allerdings nicht mit Inhalten

bestücken.

Das eBook wird dann auf Ihren Computer heruntergeladen. Von dort müssen Sie es anschließend via USB auf den Kindle Fire HD transferieren.

eBooks aus dem Amazon-Account löschen

Als letzte von drei Möglichkeiten finden Sie im Aktionen-Menü auch »aus der Bibliothek entfernen«. Das ist die einzige Möglichkeit, Bücher dauerhaft aus Ihrem Amazon-Account zu löschen. Aber Achtung, der Titel ist dann auf keinem Weg wiederzuholen – Sie müssen ihn neu kaufen, falls Sie es sich doch anders überlegen.

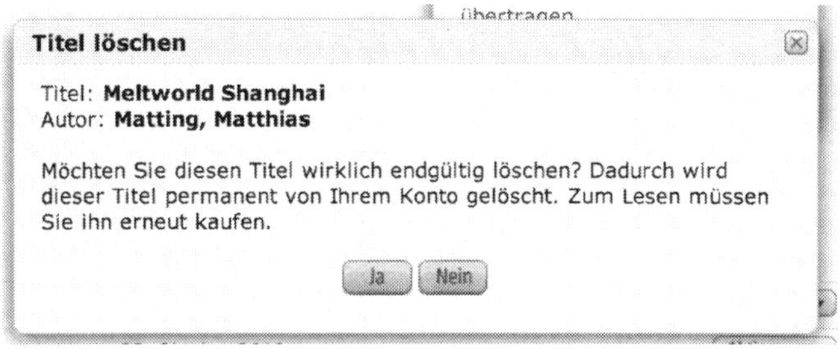
Titel löschen
Titel: Meltworld Shanghai
Autor: Matting, Matthias
Möchten Sie diesen Titel wirklich endgültig löschen? Dadurch wird dieser Titel permanent von Ihrem Konto gelöscht. Zum Lesen müssen Sie ihn erneut kaufen.
Ja
Nein

E-Mail, Web & Co.

Der Kindle Fire HD ist als Tablet eine echte Web-Maschine, die in dieser Beziehung jeden Computer ersetzt. Websites erscheinen wie auf einem PC-Monitor, E-Mails sind mit jedem Account austauschbar, und auch Kontakte und Kalender verwaltet Ihr Fire HD. Doch eins nach dem anderen ...

E-Mail

Amazon hat dem Punkt E-Mail kein eigenes Hauptmenü spendiert. Sie müssen stattdessen »Apps« aufrufen und dann zum E-Mail-Programm wechseln. Das wäre damit die erste App, die ich (länger auf den Titel tippen!) zu meinen Favoriten hinzufügen würde.

Die Ersteinrichtung von E-Mail, Kalender und Kontakten haben wir bereits im Grundlagen-Kapitel besprochen. Deshalb können wir uns nun gleich der E-Mail-Software widmen. Hier macht es einen Unterschied aus, ob Sie das Gerät quer oder hochkant halten. In der Quer-Darstellung sehen Sie links die Accounts und Ordner Ihres Posteingangs und rechts eine Voransicht Ihrer E-Mails. Halten Sie den Fire HD hingegen wie ein Buch, sehen Sie zwar mehr Ihrer Nachrichten, müssen aber über die Statuszeile oben zwischen Accounts und Ordnern wechseln.

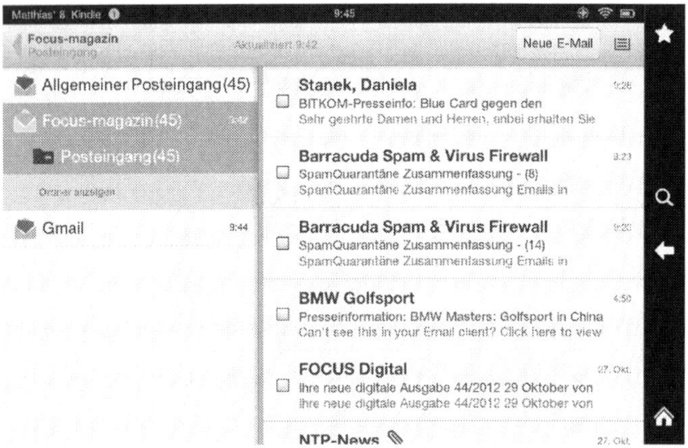

Mir persönlich gefällt die Quer-Darstellung besser. Die Bedienung ist weitgehend selbsterklärend. Tippen Sie auf eine Mail, um ihren Inhalt anzuzeigen. Der Absender wird dann als Button dargestellt. Tippen Sie darauf, um ihn Ihren Kontakten hinzuzufügen. Zum Antworten rufen Sie die entsprechende Schaltfläche auf. Hierüber können Sie Mails auch weiterleiten.

Was bei »Löschen« passiert, hängt von der Art Ihres Kontos ab: Bei einem Pop3-Account wird die Mail nur vom Fire HD gelöscht. Bei IMAP synchronisiert sich Ihr Postfach mit dem Mailserver, das heißt, die Nachricht wird auch vom Server entfernt. Eine neue E-Mail schreiben Sie über »Neue E-Mail« – schwierig, stimmt's?

Um einer E-Mail ein Attachment hinzuzufügen, tippen Sie beim Verfassen der Mail auf »Optionen«. Erhaltene Attachments werden nur automatisch heruntergeladen, wenn Sie das in den Mail-Einstellungen so festlegen. Im Auslieferungszustand müssen Sie den Dateianhang antippen, um ihn zu laden. Danach können Sie ihn mit einem Tipp öffnen. Alle vom Fire HD unterstützten Dokumente lassen sich so aufrufen.

Interessant ist noch das erweiterte Menü oben rechts, das wie eine Akten-Ablage aussieht. Hierüber können Sie Mails in andere Ordner verschieben, sie markieren oder sie als ungelesen definieren (etwa um sie im Büro noch einmal als »neu« angezeigt zu bekommen). Nur bei IMAP-Accounts werden diese Eingaben aber auch an den Server übermittelt.

Kalender

Der mitgelieferte Kalender ist ebenso unkompliziert wie die E-Mail-App. Synchronisieren kann er sich mit Google- und Exchange-Kalendern – außer Apple-Systemen dürften damit die wichtigsten Termin-Quellen abgedeckt sein.

Die App bietet vier Ansichten. Ob Sie das Gerät quer oder hochkant halten, spielt dabei keine Rolle. »Termine« listet Ihre Termine, beginnend beim aktuellen Tag. »Tag« bietet eine Tagesanzeige, »Woche« und »Monat« zeigen die entsprechenden Zeiträume. Über das Symbol oben rechts, die Akten-Ablage, können Sie neue Termine eintragen und festlegen, welche Ihrer Kalender angezeigt werden.

Kontakte

Ich gebe es zu, ich habe schon ausgefeiltere Kontakte-Apps gesehen als die von Amazon. Aber sie erfüllt ihren Zweck. Und sie ist so selbsterklärend, dass ich hier nicht einmal einen Screenshot einfügen muss.

Wenn Sie einen neuen Kontakt anlegen, müssen Sie wählen, unter welchem Ihrer Accounts dieser gespeichert werden soll. Das ist aber auch schon die einzige Besonderheit. Ach ja, die Quer-Darstellung ist bequemer, weil sie außer der Kontaktliste auch Details des ausgewählten Kontakts auf den Bildschirm bringt.

Silk – der Webbrowser

Für den Weg ins Web hat Amazon einen eigenen Browser namens Silk programmiert. Der wurde mit viel Tamtam als besonders schnell gestartet, weil er mit Tricks versucht, das Laden von Websites zu beschleunigen. Er gibt nämlich Ihre Anfrage zunächst an die Amazon-Server weiter, die dann mit geballter Datensaugkraft versuchen, ihren Wünschen möglichst schnell nachzukommen.

In der Praxis, das zeigte sich schnell, hat das aber nur geringe Auswirkungen. Dafür fanden es viele Nutzer nicht so ansprechend, dass all ihre Anfragen über Amazon-Server umgeleitet werden sollten. Inzwischen kann der Nutzer deshalb wählen. Über das Einstellungs-Icon am Seitenrand deaktivieren Sie »Seiten schneller laden«, wenn Sie lieber die gewohnte Technologie nutzen wollen. Der Vorteil der Silk-Technik ist nach meinen Versuchen wirklich nicht riesig.

Wenn es um Hoch- oder Querdarstellung geht, favorisiere ich beim Fire HD die waagerechte Haltung. So ist die Website doch deutlich besser zu erkennen. Der Bildschirmaufbau ist insgesamt, wie Sie es von den meisten anderen Webbrowsern gewohnt sind. Das heißt, ganz oben gibt es Tabs, die jeweils eine Website aufnehmen. Tippen Sie auf den Namen des Tabs, um dorthin zu wechseln. Tippen Sie das x an, um ein Tab zu schließen. Und benutzen Sie das Plus-Icon, um einen neuen Tab zu öffnen. Der Browser listet dann die zuletzt besuchten Seiten, den Verlauf und Ihre Lesezeichen auf, so dass Sie das Ziel schneller erreichen.

Direkt darunter liegt die Adresszeile. Darin können Sie eine Webadresse eingeben oder aber ein Suchwort, das der Browser dann direkt an die voreingestellte Suchmaschine weitergibt. Das kleine Icon links von der Adresszeile dient zum Anlegen und zum Löschen von Lesezeichen.

Die Menüleiste finden Sie am rechten beziehungsweise unteren Bildschirmrand. Daraus brauchen Sie vor allem den Zurück- und den Vorwärtsknopf. Mit dem Icon mit den vier Pfeilen können Sie eine rahmenlose Darstellung aktivieren, die der Website besonders viel Platz gibt.

Über das Symbol direkt darüber erreichen Sie das Einstellungsmenü mit ein paar interessanten Optionen:

Startseite – bringt Sie zur voreingestellten Startseite (siehe Einstellungen)

Seite weiterempfehlen – teilen Sie die URL über E-Mail, Facebook, Twitter und so weiter

Auf der Seite finden – die Suchfunktion

Einstellungen – vorgegebene Suchmaschine, Startseite, Ansicht, Popup-Blocker etc. konfigurieren

Downloads – ermöglicht Ihnen, alle Downloads aus Webbrowser und E-Mail-App anzusehen und weiterzugeben. Heruntergeladene eBooks können Sie hier ebenfalls öffnen, sie erscheinen abert trotzdem nicht im Bücher-Menü.

Flash beherrscht der eingebaute Webbrowser übrigens nicht. Wenn Sie diese eigentlich veraltete Technik unbedingt brauchen, finden Sie bei den ***Tipps & Tricks*** Abhilfe.

Dokumente ansehen und bearbeiten

Ebenfalls über das Hauptmenü erreichbar ist beim Fire HD der Bereich »Dokumente«. Dabei handelt es sich um eine Übersicht all der Textdateien, Excel-Tabellen, PDF-Dokumente oder Präsentationen, die entweder auf dem Fire HD selbst oder aber auf den Amazon-Servern (in der »Cloud«) liegen. Wenn Sie auf »Gerät« tippen, sehen Sie, was auf dem Fire HD liegt, unter »Cloud« hingegen haben Sie den Blick auf den Amazon-Server.

Dokumente betrachten

Wie Sie die Dokumente auf den Fire HD beziehungsweise in die Cloud bekommen, habe ich vorn beschrieben. Zur Erinnerung: Für Amazons Cloud Drive benötigen Sie eine Erweiterung für Ihren Computer, die Sie von *www.amazon.com/clouddrive* herunterladen können. Danach können Sie hemmungslos Dateien von Ihrem Rechner ins Netz laden, die später auf Ihrem Kindle Fire HD erscheinen werden. Über *https://www.amazon.de/clouddrive* können Sie den Inhalt Ihres Cloud Drives auch über jeden Webbrowser, also vom Computer aus, verwalten.

Welche Arten von Dateien Sie auf dem Fire HD betrachten und verändern können, hängt davon ab, welche Programme (Apps) Sie dazu verwenden. Amazon hat freundlicherweise bereits das Programm »OfficeSuite« vorinstalliert. Dabei handelt es sich allerdings nur um einen Viewer, also ein Anzeigeprogramm, mit dem Sie Dateien NICHT bearbeiten können. Betrachten können Sie Dokumente in diesen Formaten:

- DOC, DOCX, RTF, TXT, LOG (Textdateien bzw. Word)
- XLS, XLSX, CSV (Tabellen bzw. Excel)
- PPT, PPTX, PPS, PPSX (Präsentationen bzw. Powerpoint)
- PDF (Adobe PDF)
- ZIP (gepackte Archive)

Diese Dateien müssen bereits auf dem Fire HD vorliegen. Wenn Sie noch auf dem Amazon-Clouddrive gespeichert sind, lädt der Fire HD sie beim Antippen automatisch herunter, um sie dann mit der OfficeSuite zu öffnen. Dateien von Google Docs/Drive, Dropbox etc. können Sie auf diese Weise nicht öffnen.

Dokumente bearbeiten

Wenn Sie Dateien auch bearbeiten wollen, brauchen Sie eine neue App. Die vorinstallierte OfficeSuite empfiehlt Ihnen, auf »OfficeSuite Professional« umzusteigen. Das kostet Sie 11,84 Euro und ist recht schnell über den Amazon-Appstore erledigt. Allerdings gibt es auch eine kostenlose Alternative.

Kingsoft Office-Suite

Die Office-Suite des Herstellers Kingsoft ist seit geraumer Zeit kostenlos. Sie liegt auch im Amazon-Appstore bereit. Öffnet man ein Dokument damit, zeigt die App dieses zunächst im Reader-Modus an. Ein Tipp auf das »Reader«-Symbol, und das Dokument wird im Vollbild-Modus auf den Schirm gebracht.

Oben rechts finden Sie eine kleine Menüleiste, die die wichtigsten Funktionen bereitstellt. Das Stift-Icon führt Sie zum Beispiel in den Bearbeiten-Modus. Hier können Sie Schriftarten und Formatierungen ändern, wie Sie es vom Computer gewohnt sind. Es ist sogar möglich, Anmerkungen und Korrekturen hinzuzufügen, die andere Nutzer dann bearbeiten können. Dokumente lassen sich per E-Mail oder über den Cloud-Dienst Evernote mit anderen Anwendern teilen.

Nur bei Präsentationen funktioniert das nicht – das entsprechende Modul verlangt die Installation des chinesischen Twitter-Äquivalents Weibo. Wer mag, darf sein Dokument auch mit Passwort verschlüsseln. Unabhängig davon erlaubt das KingSoft Office über sein Hauptmenü auch Zugriff auf Daten, die bei Dropbox, Google Drive und Box.Net lagern.

Erlaubte Eingabe-Formate sind Microsoft Office 97 bis 2010 (.doc,. docx,. txt,. xls,. xlsx,. ppt und. pptx). Als Ausgabe-Formate werden Microsoft Word und Excel 97 bis 2003 unterstützt (.doc,. txt und. xls) sowie Microsoft PowerPoint 97 bis 2010 (.ppt und. pptx).

OfficeSuite Professional

Die Professional-Version der vorinstallierten OfficeSuite kostet im Amazon-Appstore 11,84 Euro. Nicht direkt ein Schnäppchen, aber das Programm ist durchaus umfangreich. So kann es zum Beispiel als eines von wenigen auch auf Microsofts »Skydrive« zugreifen, hinzu kommen Google Drive, Dropbox, Box.Net und SugarSync. Auch Cloud-Print via Google wird unterstützt – dafür benötigt man einen Drucker, der mit dem Dienst zusammenarbeitet. Details dazu finden Sie hier: *http://www.google.com/cloudprint/learn/printers.html*.

Selbst erstellen können Sie Word-, Excel- und PowerPoint-Dateien. Dabei ist OfficeSuite bei Word und Excel am leistungsfähigsten. Die Symbolleiste für die Formatierung finden Sie jeweils unterhalb des Textfensters.

Bei Präsentationen liefert das Programm lediglich zehn Vorlagen, die sich in engen Grenzen ändern lassen. Da leistet die Konkurrenz mehr.

Documents To Go 3.0

Das Office-Paket »Documents To Go»kostet zunächst einmal keinen Cent. In dieser Grundfassung kann die App die typischen Microsoft-Office-Dateien öffnen und in ihrer Formatierung auf dem Bildschirm darstellen. Dabei werden sogar die neuen Formate DOCX, XLSX und PPTX unterstützt, die von vielen anderen Apps noch nicht gelesen werden. Auch PDF-Dokumente lassen sich problemlos öffnen. Auf diese Weise kann der Anwender elektronische Handbücher und andere PDF-Dokumente direkt am mobilen Bildschirm sichten.

Wer seine Office-Dateien allerdings auch bearbeiten möchte, muss einen zusätzlichen Key einkaufen, der mit 11,99 Euro durchaus noch bezahlbar ist. Er schaltet die bereits installierte Lite- zur Vollversion frei, ohne dass weitere Dateien heruntergeladen werden müssen. Das Startmenü der App ist ganz daraus aufgerichtet, einen möglichst schnellen Zugriff auf die mobilen Office-Dateien zu erlangen. »Documents To Go»kann hier auf die lokal gespeicherten Dateien zugreifen, die zuletzt geöffneten Office-Dokumente einlesen oder aber Google Drive einbinden, sodass die online gespeicherten Dokumente über eine Internet-Anbindung auch in der App gelesen und bearbeitet werden können.

Das Auslesen aus der Dropbox wird leider nicht angeboten. Dafür bietet der Hersteller ein eigenes Windows-Tool an. Das erlaubt eine Synchronisation zwischen dem PC und dem mobilen Android-Gerät. Änderungen, die unterwegs durchgeführt werden, sind dann automatisch auch auf dem Windows-PC vorhanden. Trotzdem: Eine Dropbox-Anbindung wäre universeller nutzbar gewesen.

Gern legt das Office-Programm auch neue Dateien in den wichtigen Microsoft-Formaten an. Texte, Kalkulationen und Präsentationen lassen sich so auch mal eben unterwegs in der Bahn oder im Flugzeug eingeben. Das Eingabefenster erinnert hier an die nackte Texteingabe von Android, es werden keine Menüs oder Buttons zur Formatierung mit angeboten. Wer Formatierungen wie »fett»oder »kursiv»durchführen möchte, muss sie über die Einstellungen in einem Popup-Auswahlfenster laden. Das ist umständlich. Auch Aufzählungen, nummerierte Listen, Tabellen, Kommentare und Fußnoten lassen sich mit der App umsetzen. Bei der Arbeit mit Zahlenkolonnen bietet die App immerhin 111 wichtige Funktionen an.

Richtig komplizierte Arbeiten an den Texten lassen sich mit »Documents To Go»dann aber doch nicht ausführen. Immerhin verspricht der Anbieter, dass eine eigene Technik zum Einsatz kommt, die verhindert, dass bearbeitete Texte ihre

Formatierungen verlieren. Das ist wichtig, denn was nützt eine mobile Bearbeitung der Texte, wenn dabei die grundlegende Formatierung verloren geht?

Interessant: »Documents To Go»klinkt sich in E-Mail-Anwendungen ein, sodass sich Dokumente im Attachment gleich mit dem eigenen Viewer öffnen und betrachten lassen (cs).

Smart Office 2

Das »SmartOffice 2» (im Amazon-Appstore für 7,67 Euro) überzeugt bereits beim Start. Es ist schnell geladen, bietet eine sehr moderne und farbenfrohe Oberfläche und begrüßt den Anwender gleich mit einer Bildschirmhilfe und einem Schnelldurchgang für die erste Orientierung.

Die Software kommt mit bereits vorhandenen Bürodateien bestens zurecht und öffnet PDFs, aber auch die typischen Dateien des Microsoft Office Pakets. Word-, Power- Point- und Excel-Dateien lassen sich demnach nun auch unterwegs lesen. Das »SmartOffice 2»bietet eine Thumbnail-Vorschau auf den Inhalt einer Datei. Sobald sie geöffnet ist, lässt sich die Ansicht mit der Zwei-Finger-Geste zoomen. Sehr gut ist, dass die Software auch die »neuen»Office-Formate unterstützt. So können auch DOCX-, XLSX- und PPTX-Dateien geöffnet werden.

Mit dem »SmartOffice 2»greifen die Anwender direkt auf die einzelnen Ordner auf dem Android-Gerät zu. Eine Zeitleiste sortiert die Office-Dateien alternativ nach dem Datum des letzten Zugriffs. Auf diese Weise lassen sich die zuletzt geöffneten Texte, Kalkulationen oder Präsentationen schnell wiederfinden – egal, wo sie gerade gespeichert sind.

Eine weitere Besonderheit: Das »SmartOffice 2»kann die Dropbox und Google Docs direkt in seine Oberfläche integrieren. So hat der Benutzer direkten Zugriff auf die Office-Dateien, die er den beiden Cloud-Systemen anvertraut hat. Gerade der Datenaustausch mit diesen beiden Systemen macht viel Sinn. So sind Änderungen, die der Benutzer an einer Datei vornimmt, dank der automatischen Synchronisation sofort auch von jedem anderen Rechner aus abrufbar. Ansonsten können die Dateien aber auch aus der App heraus via Mail oder Bluetooth-Datenaustausch weitergegeben werden. Wichtig: Änderungen an einer Datei lassen sich durchführen, ohne dass die ursprüngliche Formatierung verloren geht.

Gern legt das »SmartOffice 2»auch neue Dateien an – als DOC, XLS oder PPT. Sehr anwenderfreundlich sind an dieser Stelle die vielen Vorlagen, die sich frei benutzen lassen. So werden wichtige Schriftstücke noch ein wenig schneller angelegt. Natürlich ist es am Fite HD auf Dauer unbequem, Texte über die Onscreen-Tastatur zu erfassen. Hier lohnt es sich unbedingt, eine externe Bluetooth-Tastatur zu verwenden. Dann ist es aber kein Problem mehr, das eigene Gerät zu nutzen, um unterwegs auch einmal längere Texte zu schreiben.

Die App arbeitet bestens mit vielen WLAN- Druckern zusammen, kann also bereits vorhandene oder neu aufgesetzte Dateien direkt an den Printer schicken. Der Kauf einer separaten Drucker-App kann demnach entfallen (cs).

QuickOffice Pro

Das »QuickOffice Pro» (für 11,91 Euro im Amazon-Appstore) bringt von Hause aus vier Module mit, die sich gleich aus dem Begrüßungsbildschirm der App heraus starten lassen. »QuickWord»öffnet und bearbeitet bereits vorhandene Word-Dateien in den Versionen 97 bis 2010, legt aber auch neue Dokumente an. Mit »Quicksheet»lassen sich Tabellenkalkulationen im Excel-Format anlegen. »Quickpoint»erstellt Powerpoint-Präsentationen. Und mit »QuickPDF»werden PDF-Dateien geöffnet, kommentiert oder neu erzeugt.

Problemlos öffnet die App bereits auf dem Fire HD vorhandene Office-Dateien. Die App integriert sich auch in andere mobile Anwendungen, sodass sich etwa E-Mail-Anhänge direkt und ohne Umwege einsehen lassen. Eine große Besonderheit der App ist die äußerst umfangreiche Zusammenarbeit mit den verschiedensten Cloud-Diensten. Wer dem »QuickOffice Pro»seine Zugangsdaten etwa für Google Docs/Drive, die Dropbox, die Box, Evernote, Catch, SugarSync, Huddle oder Egnyte mitteilt, kann aus der App heraus auf seine in der jeweiligen Cloud gespeicherten Dokumente zugreifen und sie mobil laden. Dank der Cloud-Synchronisation stehen mobil bearbeitete Texte dann auch sofort auf allen anderen angeschlossenen Rechnern zur Verfügung. So müssen bearbeitete Texte nicht länger per Mail oder Bluetooth weitergereicht werden. Im idealen Fall sind sie bei bestehender Internet-Verbindung sofort nach dem Speichern auf dem gewünschten Zielrechner vorhanden.

Sehr gut umgesetzt ist die Bearbeiten-Funktion. Während andere Apps das Original-Layout der Dateien auch in der Ansicht auf dem mobilen Gerät beibehalten, bricht das »Quick-Office Pro»die Texte automatisch so um, dass sie sich immer ohne seitliches Scrollen auf dem Bildschirm lesen lassen. Mit der 2-Finger- Geste lassen sich die Texte auf eine gut lesbare Größe zoomen. Der Umbruch passt sich stets der neuen Ansicht an. So wird das Bearbeiten von Texten zum Kinderspiel.

Wer seine Texte bearbeiten möchte, kann per Tastendruck eine Buttonleiste einblenden. Sie erlaubt es, umfangreiche Textformatierungen vorzunehmen. Wobei es auch bei dieser App umständlich ist, ein Dokument wirklich umfassend zu formatieren. Es macht einfach mehr Sinn, die mobilen Apps nur für das reine Erfassen der Texte oder für das Korrekturlesen zu verwenden. Dies umso mehr, als dass »QuickOffice Pro»inzwischen auch eine integrierte Rechtschreibkontrolle mit anbietet (cs).

Dokumente drucken

Der Kindle Fire HD besitzt zwar keinen direkten Drucker-Anschluss. Viele aktuelle Drucker-Modelle lassen sich jedoch schon direkt in das heimische WLAN einbinden oder über einen im Netz befindlichen Computer für andere Nutzer freigeben. Auf solche Drucker können Sie auch vom Fire HD aus zugreifen.

Allerdings funktioniert nicht jede der für diesen Zweck im Amazon-Appstore erhältlichen Apps auch mit jedem Drucker. Viele der Apps unterstützen den Cloud-Print-Service von Google *(http://www.google.com/cloudprint/learn/apps.html)*, über den Sie sich im Web ausführlicher informieren können. Ihre Daten wandern dann vom Fire HD zu den Google-Servern und von diesen zu Ihrem Drucker. Der muss dann nicht einmal im selben Haus stehen – so können Sie auch von unterwegs Seiten auf Ihrem Drucker zuhause drucken.

Die offizielle **CloudPrint-App** liegt kostenlos im Amazon-Appstore bereit. Allerdings handelt es sich um eine ältere Version. Im Appstore von Good-E-Reader finden Sie eine verbesserte Version der App.

EasyPrint (aus dem Amazon-Appstore) nutzt ebenfalls den Google-Cloudprint-Dienst. Das Programm ist werbefinanziert.

HP ePrint (im Good-E-Reader-Appstore erhältlich) ist besonders Besitzern von HP-Druckern zu empfehlen. Es nutzt den HP-eigenen Druckdienst.

Epson iPrint (im Good-E-Reader-Appstore erhältlich) unterstützt speziell Drucker des Herstellers Epson, die im selben WLAN eingeloggt sind.

Brother iPrint&Scan (im Good-E-Reader-Appstore erhältlich) bietet ähnliche Features für Besitzer von Brother-Druckern.

PrintBot kann Drucker, die im selben WLAN eingebunden sind, direkt ansprechen – ohne Umweg über das Internet. Die umfangreiche Software ist im Amazon-Appstore zu bekommen. In der kostenlosen Variante dürfen Sie pro Monat allerdings nur drei Dokumente drucken. Für die unbegrenzte »Pro«-Version berechnet der Hersteller 2,99 Euro.

Persönliche Dokumente verwalten

Neben eBooks können Sie in Ihrem Amazon-Account auch persönliche Dokumente jeder Art aufbewahren. Auf dem Fire HD erscheinen diese, wenn Sie im Hauptmenü »Dokumente« auswählen. Amazon gibt Ihnen dafür maximal 5 Gigabyte Platz, das reicht schon für eine Menge von Dateien. Ihr Kindle Fire HD besitzt eine eigene, unverwechselbare E-Mail-Adresse (name@

kindle.com oder ähnlich). Nutzen Sie die E-Mail-Adresse, um Ihre Dokumente von einem PC oder anderen Endgeräten auf das Tablet zu schicken. Das funktioniert mit

- dem ungeschützten MS Word-Format. doc,. docx
- den Textformaten. html,. htm,. txt,. rtf
- den Bildformaten. jpeg,. jpg,. gif,. png,. bmp
- den eBook-Formaten. azw,. prc und. mobi
- und ungeschützten PDF-Dateien.

Diese Dateien schicken Sie als Anhang an Ihre Kindle-E-Mail-Adresse. Wenn Sie mehrere Dokumente gleichzeitig verschicken wollen, packen Sie sie in eine. zip-Datei (komprimierter Ordner). Dadurch wird das Übertragungsvolumen kleiner und die. zip-Datei wird automatisch entpackt. Die Dokumente erreichen den Kindle einzeln.

Wie schnell die Datei ankommt, hängt natürlich von der Größe der Datei ab. PDF-Dateien dauern etwas länger als andere Textdateien vergleichbarer Größe. Bei PDF-Dateien sollten Sie in der Betreffzeile das Wort Convert einfügen – dann werden diese so umgewandelt, dass sie auf dem Kindle besser lesbar sind. Andere Dokumente werden automatisch umgewandelt.

Grundsätzlich gilt, dass ein einzelnes Dokument nicht größer als 50 MB sein sollte und maximal 25 Dateien an ein Dokument als Anlage angehängt werden können. Das gilt auch für den Inhalt von. zip-Files: nicht mehr als 25 Einzeldokumente.

Auf der Mein-Kindle-Seite (*www.amazon.de/myk*) erhalten Sie unter »Persönliche Dokumente« einen Überblick, was Sie schon alles an den Kindle geschickt haben und wie viel Platz diese Dokumente brauchen (wer nicht will, dass seine Dokumente von Amazon aufbewahrt werden, kann das übrigens auch abschalten). An Stelle des Autors findet sich die E-Mail-Adresse des Absenders. Über den Knopf »Aktionen« am Ende der Zeile können Sie Dokumente an einen bestimmten Kindle liefern lassen oder aus der Bibliothek entfernen.

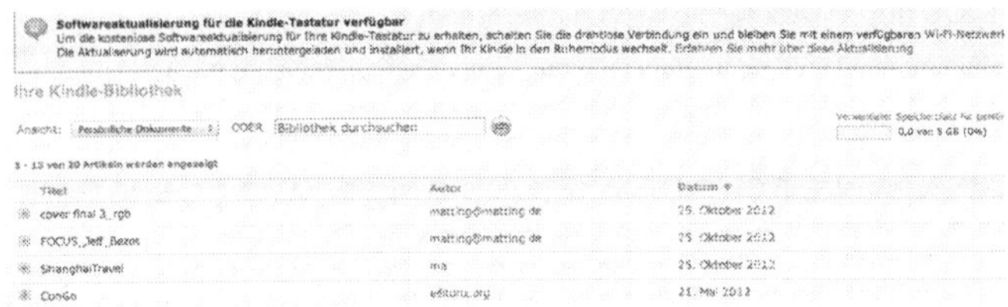

Damit Ihnen nicht jedermann einfach Müll auf den Kindle schicken kann, müssen Sie Amazon mitteilen, welche E-Mail-Adressen autorisiert sind, an Ihren Kindle Fire HD zu schreiben. Normalerweise ist das nur die Adresse Ihres Amazon-Accounts. Aber wenn Sie mehrere Kindles in der Familie verwenden, möchten Sie ja vielleicht alle Familienmitglieder einbeziehen. Klicken Sie dazu auf der Mein-Kindle-Seite auf »Persönliche Dokumenteinstellungen«. Nun müssen Sie nach unten blättern, bis Sie die E-Mail-Liste für genehmigte … usw. sehen. Mit Hilfe von »Neue bestätigte E-Mail-Adresse hinzufügen« können Sie eine neue Adresse einfügen.

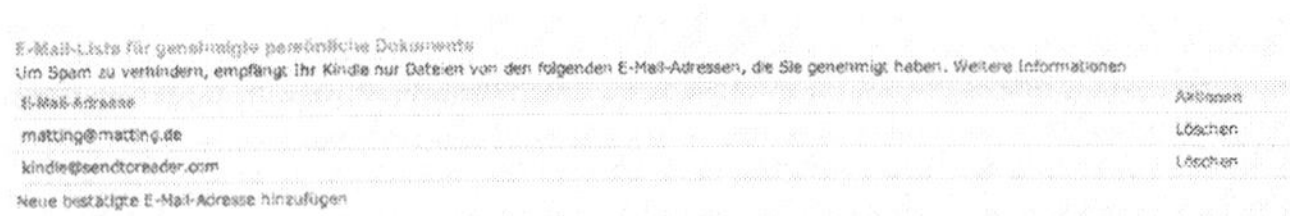

Musik, Video und TV

Musik und Videos sind zwei separate Abschnitte im Hauptmenü, und das aus gutem Grund. Während Sie unter »Musik« einen echten Musikspieler mit Anbindung in den Amazon-Store finden (also etwa wie iTunes bei Apple), verlinkt »Videos« auf die App der Amazon-Tochter Lovefilm. Platz für eigene Videos ist an dieser Stelle nicht. Doch es gibt Abhilfe, wie Sie weiter unten erfahren werden.

Musik

Die eingebaute Musik-App gehört zu den Highlights des Kindle Fire HD: Ganz vorbildlich integriert sie ähnlich wie die Bücher-App Inhalte aus der Cloud und vom Gerät.

Sie können die App natürlich auch ganz konventionell benutzen: Übertragen Sie Ihre Musik (MP3 und AAC ohne DRM werden unterstützt) wie bei Dateien per USB übertragen beschrieben auf das Gerät, und zwar in das Verzeichnis Music. In der Musik-App müssen Sie dann nur auf »Gerät« wechseln, um sie abzuspielen.

Wenn Sie derweil ein eBook lesen wollen, tippen Sie auf

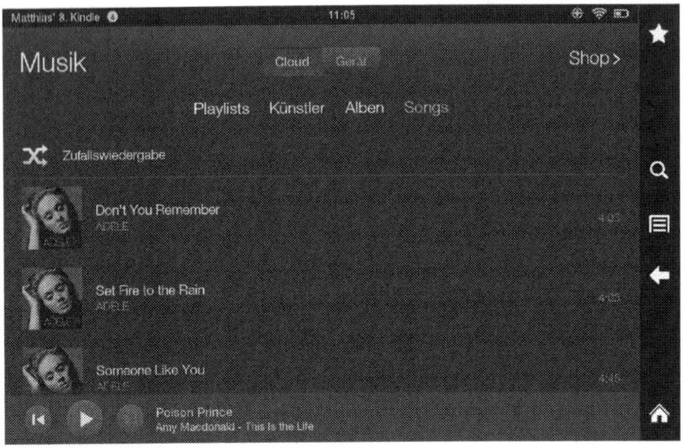

das Lied selbst und dann auf »Ausblenden«, der Player rutscht dann in den Hintergrund. Die Abspiel-Steuerung erreichen Sie dann, indem Sie mit dem Finger vom oberen Bildschirmrand nach unten streichen. Songs aus der Cloud können Sie nur abspielen, wenn Sie Internet-Anbindung haben.

Wie bekommen Sie Ihre Inhalte in die Cloud? Dazu hat sich Amazon den Cloud Player ausgedacht, den Sie unter *www.amazon.com/cloudplayer* finden. Leider ist nur die Grundversion kostenlos, über die Sie maximal 250 eigene Songs importieren können. Für größere Musiksammlungen brauchen Sie die Premium-Variante, die im Jahr 24,99 Euro kostet und bis zu 250.000 Lieder erlaubt. Verglichen mit der Konkurrenz ist das kein schlechtes Angebot.

Um eigene Musik ins Netz zu holen, brauchen Sie den Music Importer. Er wird installiert, wenn Sie am Computer *www.amazon.com/cloudplayer* aufrufen und dann links oben auf »Musik importieren« klicken. Das Verfahren selbst ist simpel: Songs auswählen, der Importer übernimmt den Rest. Das funktioniert außer für MP3 auch für Lieder aus iTunes, solange diese keinen Kopierschutz haben. Das erkennen Sie an der Dateiendung M4A.

Über den Button »Shop« im Musikplayer landen Sie direkt im Amazon-MP3-Laden. Interessant sind hier vielleicht die Gratis-Songs, die im Wochenrhythmus wechseln. Zum Redaktionsschluss verschenkte Amazon hier zum Beispiel einen Unheilig-Song. Das Angebot ist insgesamt sehr groß.

Videos mit Lovefilm

Die Lovefilm-App ist noch nicht so gut in den Fire HD integriert wie die meisten anderen Programme. So landen Sie recht oft auf der Website des Anbieters, den Amazon vor einiger Zeit übernommen hat. Eigentlich als DVD-Verleih gestartet, bietet man nun auch Filme und TV-Serien im Streaming-Modus. Das heißt, dass die Filme nicht auf Ihrem Gerät gespeichert werden – Sie brauchen also eine Internetverbindung während des Ansehens.

Um bei Lovefilm ein Konto anzulegen, empfehle ich, die Seite am Computer aufzurufen. Auf dem Kindle funktioniert das zwar auch, doch wichtige Details sind hier manchmal zu gut versteckt. Damit Sie jederzeit Filme streamen können, brauchen Sie die »Digital Flatrate«, die 6,99 Euro im Monat kostet. Der erste Monat ist kostenlos. Dafür können Sie derzeit aus gut 1000 Filmen und TV-Serien-Episoden wählen, die Sie hier gelistet finden: *http://www.lovefilm.de/browse/filme/video-on-demand/kinofilme/teil-des-ausleihpaketes/*). Das Angebot ist dem von iTunes oder Xbox Live noch deutlich hinterher, Freunde von Action-Filmen und TV-Serien kommen aber durchaus auf ihre Kosten.

Wenn Sie bei Lovefilm angemeldet sind, tragen Sie Ihre Kontodaten auch in der Fire-HD-App ein und können von nun an unkompliziert Filme ausleihen.

Eigene Videos

Wenn Sie eigene Videos abspielen wollen, benutzen Sie am besten den im Amazon-Appstore kostenlos erhältlichen »VLC for Kindle«. Bei dieser App handelt es sich um eine Umsetzung der Open-Source-Anwendung VLC für Kindle-Fire-Tablets, die einen sehr guten Ruf genießt und sehr viele Formate verarbeiten kann.

Wenn Sie das Programm heruntergeladen haben und zum ersten Mal starten, warnt es Sie vor seiner Beta-Natur. Es wird Ihren Fire HD aber garantiert nicht explodieren lassen, keine Sorge. Die App versucht dann, vorhandene Videos zu finden. Über »Verzeichnisse« können Sie aber auch per Hand zu Ihren Videos navigieren. Kleiner Nachteil dieser Lösung: Videos tauchen auf diese Weise nicht im Karussell auf.

Fernsehen

Der Fire HD besitzt keinen eingebauten TV-Empfänger. Er lässt sich aber mit einem Zusatzgerät zum Fernseher erweitern. Das Gerät heißt equinux tizi Mobiles TV für Kindle Fire HD und Kindle Fire *(http://www.amazon.de/dp/B009ERPJCY/)* und kostet 80 Euro. Ich konnte das Tizi schon testen – es funktioniert klaglos. Alle 24 Sender des Münchner DVB-T-Angebots (digitales Antennenfernsehen) ließen sich damit empfangen.

Aber Achtung: wer auf dem Land wohnt, hat weniger davon, da die DVB-T-Ausstrahlung auf die Großstädte beschränkt ist. Es ist derzeit noch nicht möglich, Kabel- oder Satelliten-TV auf dem Fire HD zu empfangen.

Als Fernbedienung eignet sich der Fire HD derzeit noch nicht. Da er selbst keinen Infrarot-Port besitzt, bräuchte er eine Zusatz-Hardware, die seine Signale in Infrarot-Licht übersetzt. Eine solche, mit dem Fire HD kompatible gibt es derzeit meines Wissens nicht.

Anwendungen und Spiele

Im Hauptmenü trennt Amazon die beiden Bereiche »Spiele« und »Apps«. Das hat vor allem den Grund, dass man für Spiele neue Kommunikations-Funktionen eingeführt hat: So lässt sich der Spielefortschritt ähnlich wie bei Büchern mit anderen Nutzern teilen und in der Cloud speichern. Ansonsten sind Spiele aber ganz gewöhnliche Apps – und so tauchen sie außer unter »Spiele« eben auch noch unter »Apps« auf.

Beide Bereiche unterscheiden jeweils nach »Cloud« und »Gerät«. Das kennen Sie ja nun schon von Büchern und Musik. Um eine App vom Tablet zu löschen, tippen Sie etwas länger darauf und wählen dann »Vom Gerät entfernen«.

Im Apps-Bereich bietet das Kontextmenü (die »Aktenablage«) nur die Möglichkeit, zwischen Raster- und Listenansicht umzuschalten.

Wenn Sie den Spiele-Bereich aufrufen, erweitert sich dieses Menü. Sie haben nun auch die Möglichkeit, Ihr Gamer-Profil zu bearbeiten oder Freunde zu gewinnen. Brauchen Sie das? Das müssen Sie selbst entscheiden.

Viel wichtiger finde ich die Anbindung zum Amazon-Appstore, die Sie über »Shop« erreichen. Jeden Tag bietet Amazon hier eine Gratis-App, es lohnt sich also, regelmäßig hereinzuschauen. Der Kauf funktioniert ähnlich unkompliziert wie bei eBooks und Musik. In den USA kann man Kindle-Fire-Apps zusätzlich auch noch für kurze Zeit testen – das hat Amazon im deutschen Appstore noch nicht eingeführt.

Das Angebot ist insgesamt noch nicht so umfangreich wie etwa bei Google. Allerdings achtet Amazon deutlich strenger auf die Qualität der eingereichten Apps. Die Preise beginnen bei 79 Cent (zum Vergleich: bei Apple geht es mit 89 Cent los, bei Microsoft mit 99 Cent). Im Abschnitt »25 empfehlenswerte Apps« weise ich auf besonders lohnenswerte Anwendungen hin.

Sie sind beim Kindle Fire HD übrigens nicht auf die Anwendungen aus dem Appstore beschränkt. In den ***Tipps & Tricks*** erfahren Sie, wie Sie (fast) beliebige Apps auf Ihrem Gerät installieren können.

25 empfehlenswerte Apps

Die folgenden Apps können Sie direkt aus dem Amazon-Appstore beziehen – die wohl bequemste Art, ein Programm zu installieren. Suchen Sie im Shop einfach nach dem unten angegebenen Namen. Spiele führe ich in der Liste nicht auf – das ist dann doch zu sehr Geschmacksfrage. Sie haben ebenfalls eine interessante App oder auch ein gutes Spiel entdeckt? Dann freue ich mich über Ihre Tipps.

Im Tipps&Tricks-Kapitel erfahren Sie, wie Sie auch Anwendungen aus anderen Quellen downloaden und einrichten können.

Adobe Reader

Preis: kostenlos

Was die Anzeige von PDF-Dateien betrifft, ist das Original von Adobe schwer zu schlagen

Ebay

Preis: kostenlos

Die offizielle Ebay-App. Auch für Deutschland.

ES File Explorer

Preis: kostenlos

Ein Dateimanager, wie Sie ihn zum Beispiel für das so genannte Sideloading von Dokumenten brauchen – also das Aufspielen von Dokumenten, ohne die Amazon-Server zu benutzen.

Evernote

Preis: kostenlos

Ein Universal-Notizbuch, das seine Einträge mit der gleichnamigen Internet-Plattform synchronisiert.

Facebook

Preis: kostenlos

Das soziale Netzwerk schlechthin – die App gibt es auch für den Fire HD.

GSam Battery Monitor

Preis: kostenlos

Sie werden bald feststellen, dass der Akku Ihres Fire HD recht schnell zur Neige geht. Gut, wenn Sie rechtzeitig eine Steckdose finden.

HRS

Preis: kostenlos

Die App zur Hotelsuche, ob von zuhause oder unterwegs.

Lufthansa

Preis: kostenlos

Abflugzeiten, Check-ins, mobile Bordkarte: Die Lufthansa-App hilft dem Flugpassagier.

MyBookDroid

Preis: kostenlos

Eine Buchverwaltung für Ihre Papierbücher

Nokia Maps

Preis: kostenlos

Da Amazon keine Kartenanwendung mitliefert, ist Nokia Maps eine gute Alternative. Keine Offline-Karten!

PicShop Lite

Preis: kostenlos

Ein Foto-Editor, der an Photoshop erinnert. In der kostenlosen Version mit etwa der Hälfte der Features der Vollversion.

Sketchbook Mobile

Preis: 1,58 Euro

Ein Zeichenprogramm für den Fire HD, das sogar im Photoshop-Format speichern kann.

SNOView

Preis: 0,89 Euro

Die App hilft, öffentliche News zu verfolgen, die von Stars oder zu bestimmten Themenbereichen über Facebook, Twitter und Google+ verbreitet werden – ohne selbst Mitglied / Fan zu werden.

Spotify

Preis: kostenlos

Wer den Musik-Streaming-Dienst abonniert hat oder abonnieren will, braucht diese App.

Star Chart

Preis: 2,99 Euro

Die persönliche Sternenkarte für Ihr Tablet: Wie sieht der Sternenhimmel in Hawai aus? Wo ist das Sternbild Großer Wagen?

StarMoney Mobile

Preis: 3,99 Euro

Die mobile Kontoverwaltung.

Tagesschau

Preis: kostenlos

Die Tagesschau-App bietet nicht nur die Haupt-Nachrichtensendung zum Abruf, sondern auch Meldungen aus den Bundesländern.

Taschenrechner PRO

Preis: 76 Cent

Ein Taschenrechner fehlt dem Kindle Fire HD noch – dieser kann, was ein Taschenrechner können muss.

Trillian

Preis: Kostenlos

Ein Multi-Messenger für den Kindle Fire. ICQ, MSN, Yahoo – alle in einer App.

TuneIn Radio

Preis: kostenlos

Der Internet-Radiosender. Sender aus aller Welt per Knopfdruck verfügbar!

Twitter

Preis: kostenlos

Ein Muss, wenn Sie fleißig Kurznachrichten über diesen Dienst austauschen.

Universal-Umrechner

Preis: kostenlos

Wie war doch gleich die Umrechnung von Meilen in Kilometer? Diese App weiß es. Und mehr.

Wetter.com

Preis: kostenlos

Die kostenlose Wetter-App bietet unter anderem eine 7-Tage-Vorhersage und ein Regen-Radar.

WiFi File Explorer PRO

Preis: 79 Cent

Drahtloser Datenaustausch zwischen Kindle Fire HD und PC.

WinAmp for Android

Preis: kostenlos

Der Musik-Klassiker in einer Version für Android. Sehr umfangreiches Programm, inklusive Unterstützung für Shoutcast-Internetradios

YouTube-Downloader

Preis: kostenlos

Wenn Sie unterwegs keine Netzanbindung haben, sollten Sie YouTube-Videos mit dieser App vorher downloaden.

ZDF-Mediathek

Preis: kostenlos

Das ZDF-Programm zum Mitnehmen und Nach-Sehen. Abruf von Sendungen nur mit Onlineverbindung.

Tipps, Tricks und Hacks

Natürlich kann man den Kindle Fire HD ganz prima so benutzen, wie er ist. Amazon hat an fast alles gedacht, und was Amazon weggelassen hat, braucht man ja vielleicht nicht unbedingt ... Aber es soll ja Nutzer geben, die sich gern etwas intensiver mit ihrem Tablet befassen. Für die sind die folgenden Tipps gedacht, die ich selbstverständlich alle getestet habe. Meinem Fire HD haben sie nicht geschadet.

Screenshots anfertigen

Den Bildschirminhalt als Digitalfoto festzuhalten (vielleicht wollen Sie ja auch mal ein Fire-Handbuch schreiben – oder etwas auf simple Weise dokumentieren) erleichtern Ihnen die Amazon-Programmierer mit einer Tastenkombination: Sie müssen ungefähr gleichzeitig auf die Einschalttaste und die Lautstärke-geringer-Taste drücken und beide einen Moment lang festhalten.

Das ist ein bisschen tricky – wenn Sie eine der beiden Tasten zu früh drücken, will das Tablet herunterfahren oder seine Lautstärke verringern. Sie glauben gar nicht, wie oft ich dann bei meinen Screenshot-Versuchen den Lautstärke-Balken im Bild hatte.

Der Bildschirm flackert dann auf, als sei er geblitzt worden. Die Fotos landen im Bilderordner. Sie liegen im PNG-Format vor und haben die Auflösung des Bildschirms, 1280 x 800 Pixel.

Kamera-App starten

Auf den ersten Blick vermisst man beim Fire HD eine Kamera-App – obwohl es ja eine Front-Kamera gibt. Diese App hat Amazon zwar gut versteckt, sie befindet sich aber noch auf dem Gerät.

Um sie zu starten, brauchen Sie einen Datei-Manager. Ich empfehle den kostenlosen ES File Explorer aus dem Amazon-Appstore. Öffnen Sie das Programm und tippen Sie auf »App-Manager«. Unter »Kategorien« müssen Sie eventuell auf »System-Apps« tippen. Dann finden Sie die Kamera-App relativ weit unten in der Liste. Die App nimmt Fotos und Videos auf. Sogar ein Panorama-Modus ist integriert (siehe Bild).

Apps aus anderen Marktplätzen installieren

Amazon führt Sie zwar im Menüpunkt »Apps« automatisch zum eigenen Marktplatz. Ist ja auch klar: Der Kindle Fire HD wird absichtlich relativ günstig verkauft, damit Sie damit fleißig bei Amazon shoppen. Trotzdem versperrt man den Weg zur Konkurrenz aber nicht komplett, er ist nur etwas anstrengender.

Zunächst einmal gilt es, dem Kindle Fire HD die Installation von Apps aus ihm nicht bekannten Quellen zu erlauben. Diese Option ist normalerweise deaktiviert. Das ist auch sinnvoll, da es für Android bereits jede Menge Schad-Apps gibt. Auf dem eigenen Marktplatz kontrolliert Amazon recht rigide, stärker jedenfalls als Google im Play Store.

Wenn Sie Anwendungen nun aus anderen Quellen beziehen, bleibt die Verantwortung dafür an Ihnen hängen. Sie sollten deshalb nur Programme aus vertrauenswürdigen Quellen nutzen. Entweder der Hersteller ist bekannt, dann können Sie eine App auch von seiner Homepage beziehen. Oder Sie vertrauen den Kontrollmechanismen des App-Anbieters. Was Sie auf jeden Fall vermeiden sollten: Einfach nach einer APK-Datei zu googlen und diese dann aus irgendeiner dunklen Quelle zu beziehen.

So weit die nötigen Warnhinweise. Ein paar vertrauenswürdige Quellen listen ich Ihnen weiter unten auf. Doch wie bekommen Sie die Programme auf Ihren Kindle Fire HD?

Vom Android-Handy installieren

Wenn Sie bereits ein Android-Smartphone besitzen, haben Sie vielleicht schon ein paar Apps heruntergeladen. Mit den meisten Modellen haben Sie Zugriff auf den Google-Play-Store, der schon mal eine größere Auswahl bietet als der Amazon-Appstore. Die Apps liegen auf Ihrem Handy als Dateien mit der Endung APK vor.

Allerdings haben Sie keinen direkten Zugriff darauf. Stattdessen müssen Sie sich einen Datei-Manager wie etwa den Astro File Explorer besorgen und diesen dazu benutzen, ein Backup der App auf der Speicherkarte anzulegen. Den Inhalt dieser Speicherkarte transferieren Sie dann auf Ihren Computer. Ab diesem Moment unterscheidet sich das Vorgehen nicht mehr von der zweiten Variante.

Vom PC

Manche Anbieter erlauben Ihnen, APK-Dateien direkt auf Ihren Computer herunterzuladen. Google Play gehört nicht dazu. In diesem Fall müssen Sie die Apps nur noch auf Ihren Kindle Fire transferieren. Auch dazu gibt es wieder zwei Möglichkeiten.

Erstens – zunächst installieren Sie auf Ihrem Fire HD aus dem Amazon-Appstore die App »Easy Install«. Danach schließen Sie das Tablet über USB an Ihren Computer an. Er ist nun als separates Laufwerk sichtbar. Kopieren Sie die APK-Dateien einfach darauf. Danach werfen Sie das Fire-HD-Laufwerk wieder aus und starten die vorhin installierte App Easy Install. Das Programm sucht auf dem Gerät nach neuen APK-Dateien und bietet Ihnen dann deren Installation an.

Weg Nummer zwei – Sie können auf die App Easy Install verzichten, wenn Sie sich die APK-Datei direkt an Ihren Kindle Fire HD mailen. Das E-Mail-Programm des Tablets akzeptiert Apps als Dateianhang problemlos. Öffnen Sie die Nachricht und tippen Sie einmal auf den Anhang. Dadurch wird er heruntergeladen. Jetzt noch einmal darauf tippen, und die App wird installiert. Dieser Weg eignet sich gut, wenn Sie nur ab und zu mal ein Programm einrichten wollen, das nicht aus dem Amazon-Appstore kommt.

Welche Apps funktionieren?

Nicht alle Programme aus fremden Marktplätzen laufen auf dem Kindle Fire HD. Das kann verschiedenste Ursachen haben. Vielleicht sind sie für andere Modelle oder andere Android-Versionen programmiert. Das Android-System ist wegen der Hardware- und System-Vielfalt ziemlich fragmentiert.

Eventuell sind die Programme aber auch gegen Kopieren geschützt. Das trifft, wenn überhaupt, dann auf Apps zu, die Sie bezahlen mussten.

Unter den bekannten Google-Apps, die auf den meisten Android-Smartphones mitgeliefert werden, funktioniert auch nicht jedes mit dem Fire HD. YouTube und die Maps-App sind zum Beispiel kompatibel, die Mail- und die Google-Plus-App jedoch nicht. Im wesentlichen sind all die Apps Problemfälle, die ein Login bei Google erfordern.

Interessante Marktplätze

Der Kindle Fire HD ist bei weitem nicht das einzige Android-Gerät, das keinen Zugriff auf den Google Play Store hat.

Deshalb gibt es eine große Auswahl alternativer Marktplätze. Es ist allerdings höchst unterschiedlich, wie sicher und wie komfortabel diese sind.

Manche fordern zum Beispiel die E-Mail-Adresse Ihres Android-Geräts und schicken dann dorthin den Download-Link. Eine eher fragwürdige Datensammelei. Andere erlauben Downloads nur nach Login. Auch das würde ich im Zweifel vermeiden – es genügt ja, dass Sie Amazon Ihre Daten übereignen müssen.

Was die Bedienung betrifft, finde ich zwei Vorgehensweisen akzeptabel. Entweder ein direkter Download der APK-Datei aus dem Webbrowser. Diese landet dann im Downloadverzeichnis. Von dort können Sie das Programm über Einstellungen ➜ Downloads gleich installieren. Noch etwas komfortabler finde ich den Download über eine eigene App – so wie ja auch der Amazon-Appstore als App funktioniert.

AndroitPit

AndroidPit ist als deutscher Anbieter schon einmal unterstützenswert. Die App dazu finden Sie unter

http://goodereader.com/apps/android-apps/android-app-stores/?did=115

Die Installationsprozedur kennen Sie ja nun schon …

Good-E-Reader

Der Appstore des US-Anbieters Good-E-Reader ist vorbildlich, weil er den Download direkt aus dem Web ebenso erlaubt wie über eine App. Die App bekommen Sie hier:

http://goodereader.com/apps/android-apps/android-app-stores/?did=1258

Sie liegt sogar schon in einer Tablet-optimierten Variante vor.

Getjar

Getjar war einer der ersten App-Anbieter überhaupt – für die ersten Symbian-Smartphones brauchte man noch Jar-Files. Auch mit Android-Programmen ist er ganz gut bestückt. Die App gibt es hier:

http://goodereader.com/apps/android-apps/android-app-stores/?did=46

Einen ePub-Reader installieren

Es gibt im Grunde zwei Buchwelten. Amazon, mit je nach Schätzung etwa 70 Prozent Anteil weltweiter Marktführer, nutzt sein eigenes Format – und die restlichen Anbieter setzen auf ein anderes, ePub genannt. Ich wette, Sie werden eine Weile brauchen, bis Sie ein eBook finden, das nicht bei Amazon zu haben ist. Und dank der Buchpreisbindung können Sie auch nicht sparen, egal wo Sie einkaufen. Aber vielleicht haben Sie ja schon mal anderswo eBooks gekauft oder wollen sich einfach nicht binden – für diesen Fall im folgenden ein paar Alternativen.

Aldiko

Die Aldiko-App ist unter anderem bei AndroidPit (siehe oben) zu finden. Es handelt sich um einen weit verbreiteten und ausgereiften eBook-Reader, der mit vielen Formaten zurechtkommt. Aldiko ist kostenlos. Zum Buchshopping verweist es auf Läden unter anderem von Beam, Feedbooks und Smashwords.

Der Fire HD macht es leider nicht ganz so leicht, ePub-Dateien auf das Gerät zu bekommen. Zumailen funktioniert nicht: Die E-Mail-App beschwert sich, mit derartigen Dateien könne der Fire HD nichts anfangen. Am besten, Sie benutzen eine ePub-Software mit integriertem Buchladen (wie etwa Kobo oder Thalia, siehe unten) oder Sie kopieren die Bücher über USB in das Verzeichnis Books oder Documents.

Im Aldiko-Reader tippen Sie dann auf das Home-Symbol und wechseln zur Speicherkarte. Das ist eine Art Dateiverwaltung, über die Sie jeden Ordner erreichen. Wenn Sie das gewünschte ePub gefunden haben, tippen Sie darauf und wählen »In Aldiko importieren«.

Kobo

Kobo kommt ursprünglich aus Kanada, ist aber inzwischen von einem japanischen Anbieter gekauft worden. Die App können Sie von hier herunterladen:

http://goodereader.com/apps/android-apps/e-reader-apps/?did=3

Ein eBook-Store ist ebenfalls schon eingebaut.

Thalia

Die Buchhandelskette Thalia kennen Sie vermutlich aus deutschen Einkaufszentren. Auch sie bietet eine eBook-App, die bei

AndroidPit zum Download steht. Ein Buchladen ist natürlich ebenfalls eingebaut. Aber Achtung: gekaufte eBooks stehen hier nur für drei Monate zum Download bereit, nicht quasi ewig wie bei Amazon.

Zeitschriftenabos mit PagePlace

Die Telekom ist ebenfalls im eBook- und Zeitschriftenmarkt aktiv. Für ihren Marktplatz PagePlace gibt es eine App, die auch auf dem Kindle Fire HD funktioniert. Sie können sie kostenlos bei AndroidPit (siehe oben) beziehen.

Zu den hier verfügbaren Zeitungen gehören unter anderem FAZ, Berliner Morgenpost, Hamburger Abendblatt, die taz, Welt kompakt, die Münchner tz und die BILD. Wöchentlich gibt es die ZEIT, monatlich Playboy, Bunte, FOCUS, Chip, Computerbild, Psychologie heute und viele andere.

Zeitungsabos mit Zinio

Viele Zeitungen und Zeitschriften bieten Abos über den Marktplatz Zinio an. Der ist unter anderem auf Apple- und Android-Geräten vertreten und lässt sich auch auf dem Fire HD installieren. Dazu müssen Sie lediglich die APK-Datei von dieser Adresse downloaden:

http://www.jotform.com/form/13185032229

und dann wie oben beschrieben auf Ihrem Kindle Fire HD installieren. Die App läuft manchmal ein wenig instabil, insbesondere, wenn Sie in den Kategorien nach interessanten

Magazinen suchen. Ich würde deshalb empfehlen, lieber am Computer unter *www.zinio.com* nach interessanten Zeitschriften zu suchen. Abgeschlossene Abos ließen sich im Test problemlos mit dem Fire HD lesen.

Zinio war für den Kindle Fire schon einmal zugelassen, es ist also zu erwarten, dass demnächst eine offizielle Version für den Fire HD erscheint.

Zinio ist besonders bei internationalen Publikationen eine gute Wahl. Hier bekommen Sie Newsweek, Forbes, Economist oder New Scientist schneller als an jedem Bahnhofskiosk. Doch auch für Deutschland ist das Angebot etwa mit Focus, Cicero, Vogue, GQ oder Geo nicht schlecht.

Bilder in E-Mails sichern

Wenn Sie ein Bild per E-Mail bekommen, wollen Sie es vielleicht auch dauerhaft im Foto-Ordner abspeichern. Das funktioniert, wenn Sie zuvor eine Bilderapp installieren. Ich empfehle dazu den kostenlosen »Photo Editor« aus dem Amazon-Appstore. Wenn Sie dann das Foto in der Mail antippen, fragt das Mailprogramm Sie, welche Aktion Sie ausführen wollen. Wählen Sie den Photo Editor. OK – und das Bild liegt im Foto-Ordner.

Audible nachinstallieren

Amazon hat den Audible-Audiobookplayer in letzter Sekunde von den deutschen Fire-HD-Modellen geworfen, weil es da wohl Probleme gab. Es gibt aber Abhilfe: Holen Sie sich die App selbst! Sie können sie hier herunterladen:

http://bit.ly/adbl_v141_b436-market

Installieren Sie sie, wie oben für externe Apps beschrieben.

Ein Programm läuft nicht mehr

Eine App, die sich sonst immer ganz brav verhielt, funktioniert nicht mehr richtig? Der Webbrowser will keine Seiten mehr laden, der Musikspieler zeigt keine Cover mehr an? Dann hilft es oft, den Cache (Zwischenspeicher) des betreffenden Programms zu löschen. Das erledigen Sie über Einstellungen → Anwendungen. Musik und Webbrowser Silk sind hier einzeln aufgeführt. Die Option »Cache löschen« gibt es bei beiden.

Bei anderen Apps müssen Sie zunächst noch auf »Installierte Anwendungen« tippen und dann das betreffende Programm suchen. Auch hier finden Sie dann den Button »Cache löschen«.

Anwendungen beenden

Eigentlich kümmert sich das dem Fire HD zugrunde liegende Android-System sehr gut darum, nicht mehr benötigte Apps zu beenden. Doch auch das funktioniert nicht immer. Falls Ihr Tablet zum Beispiel über Nacht im Standby-Modus mehr als fünf Prozent Akkukapazität verliert, liegt das vielleicht an einer App, die noch im Hintergrund ihren Aktivitäten nachgeht.

Das können Sie leicht unterbinden: Rufen Sie das Einstellungs-Menü auf, tippen Sie auf »Anwendungen«, dann auf »Installierte Anwendungen«. Filtern Sie die Liste nach »Aktive Anwendungen«. Aus der Liste können Sie nun eine App aussuchen, darauf tippen und dann das »Stoppen erzwingen«.

Sicherheit & Virenschutz

Wer bereits einen PC genutzt hat, kennt Programme, die den Datenverkehr überwachen (»Firewall«) und vor der Besiedlung des Geräts durch Viren schützen (»Antivirus«). Unter Android ist das Einrichten einer Firewall nicht so einfach, dazu muss das Gerät nämlich gerootet werden. Und das bringt neue Sicherheitsprobleme mit sich.

Im Amazon-Appstore liegt aber immerhin das kostenlose »Avast«-Programmpaket bereit, das Ihre Downloads auf Viren prüft und sich als Diebstahlschutz konfigurieren lässt. Ich persönlich finde, dass man bei verantwortungsbewusstem Umgang mit seinem Tablet darauf verzichten kann – doch wer gern auf der sicheren Seite ist, sollte sich das Paket herunterladen.

Dropbox einrichten

Dropbox ist ein beliebter Online-Speicher, auf dem man beliebige Dateien ablegen kann. So lassen sich Dateien aller Art auch bequem mit anderen Computern austauschen. Die offizielle Android-App des Anbieters funktioniert auch auf dem Kindle Fire HD. Laden Sie sie von hier herunter:

http://dl.dropbox.com/u/6993309/Dropbox.apk

... und installieren Sie sie wie inzwischen gewohnt (und oben beschrieben)

Ein anderer Webbrowser

Eigentlich ist der eingebaute Webbrowser des Kindle Fire HD durchaus brauchbar – nur mit Seiten, die noch auf Flash basieren (etwa der deutsche TV-Sender Pro 7), weiß er nichts anzufangen. Selbst wenn man Flash nachinstalliert (siehe folgender Tipp), bleiben entsprechende Seiten grau. Abhilfe schafft ein alternativer Webbrowser wie Dolphin HD, den Sie kostenlos von dieser Website bekommen:

http://www.1mobile.com/dolphin-browser-79865.html

Es handelt sich um die Version 9.0.1. Leider ist ein (kostenloser) Login erforderlich, um das Programm herunterzuladen. Wenn Sie das vermeiden wollen, bekommen Sie ältere Version von Dolphin auch von hier:

http://www.apkmarket.de/dolphin-browser-hd/

Laden Sie das Programm von einer der beiden Sites und transferieren es auf Ihren Fire HD, wie im Tipp oben beschrieben.

Flash installieren

Damit Dolphin die Flash-Websites auch darstellen kann, braucht es den Flash-Player selbst. Diesen sollten Sie sich besser vom Server des Herstellers besorgen als aus irgendeiner Download-Quelle im Netz, denn der Flashplayer startet ausführbare Inhalte, vulgo Programme, die durchaus Schaden anrichten können. Adobe bietet alle Flash-Player-Varianten auf einer eigenen Seite an:

http://helpx.adobe.com/flash-player/kb/archived-flash-player-versions.html

Scrollen Sie nach unten bis zu den »Flash Player for Android 4.0 archives« und laden Sie die oberste Datei. Zum Redaktionsschluss war das

http://download.macromedia.com/pub/flashplayer/installers/archive/android/11.1.115.20/install_flash_player_ics.apk

Ob alles funktioniert hat, können Sie auf dieser Seite testen:

www.adobe.com/software/flash/about/

Wenn Flash installiert ist, sollten Sie hier Ihre Flash-Version erfahren und eine kleine Animation sehen.

Eine andere E-Mail-Software

Wenn die Einrichtung Ihres E-Mail-Postfachs immer wieder Probleme bereitet, sollten Sie es mal mit der Alternative K-9 Mail probieren. Ich habe schon von mehreren Anwendern mit Web.de- oder GMX-Postfach gehört, die damit endlich Erfolg hatten.

Das Programm finden Sie im Amazon-Appstore, es ist kostenlos und besitzt eine deutsche Oberfläche. Benutzen können Sie es mit Pop3-, Imap- und Exchange-Servern.

Das aktuelle TV-Programm

Ihr Kindle Fire HD soll Ihnen täglich verraten, was das Fernsehen am Abend zu bieten hat? Kein Problem: im Good-E-Reader-Appstore *(http://goodereader.com/apps/android-apps/*

top-android-apps-3/?did=3232) gibt es unter anderem die App TV Spielfilm HD, speziell für Tablets. Sie läuft auch wunderbar auf dem Fire HD.

Multimedia aus dem Heimnetz

Es gibt bereits diverse Geräte, die den DLNA-Standard unterstützen, Fernseher, DVD-Player, Computer, Spielkonsolen (PS3, Xbox 360), all diese Elektronik-Geräte können Bilder, Videos und Musik untereinander austauschen, wenn sie in Ihrem Heim-WLAN eingebunden sind. Damit Ihr Kindle Fire HD da mitmachen kann, braucht er eine App, die das DLNA-Protokoll unterstützt.

Diese finden Sie, wenn Sie im Amazon-Appstore nach »DLNA« suchen. Im Test bewährt haben sich hier zum Beispiel der aVia Media Player oder Twonky. Ebenfalls ausdrücklich zu empfehlen ist arkMC, das zum Redaktionsschluss 2,99 Euro kostete.

Bücher ausleihen

In Deutschland bieten viele öffentliche Bibliotheken die Möglichkeit, kostenlos eBooks auszuleihen. Der Service nennt sich *www.Onleihe.net*. Die nötige App ist leider nur im Google-Marktplatz verfügbar. Sie funktioniert nach Anwenderberichten jedoch auch auf dem Fire HD.

Um die Onleihe nutzen zu können, müssen Sie also jemanden mit einem Android-Smartphone finden und sich von diesem wie oben beschrieben die APK-Datei geben lassen. Vielleicht hat ja auch ein Familienmitglied ein Android-Handy?

Voraussetzung ist auch, dass Sie einen Mitgliedsausweis einer Bibliothek besitzen, die sich an der Onleihe beteiligt. Die Technik funktioniert wie bei gedruckten Büchern: Die Bibliotheken besitzen eine bestimmte Anzahl an eBook-Exemplaren. Wenn die alle ausgeliehen sind, müssen Sie wartenm bis jemand sein Exemplar zurückgibt. Die Auswahl ist derzeit noch nicht riesig, aber dafür ist der Dienst ja auch kostenlos.

Den Kindle Fire HD rooten

Normalerweise ist der Fire HD wie so gut wie jedes andere Android-Gerät vor dem direkten Zugriff eines Nutzers geschützt. Das verhindert, dass Sie großen Schaden anrichten, weil Sie aus Versehen mal irgendeine Datei löschen. Es verhindert aber auch allzu große Änderungen an dem Gerät. Technisch ist das so gelöst, dass Sie als normaler Kindle-Nutzer nur mit eingeschränkten Rechten an Ihrem Gerät hantieren. Bestimmte Bereiche bekommen Sie nicht einmal zu sehen und können diese auch nicht verändern.

Für Mutige und Neugierige kann es deshalb interessant sein, diesen Schutz (der gleichzeitig als Sperre dient) zu entfernen. Ich muss Sie warnen: Anschließend liegt alle Macht über den Fire HD bei Ihnen. Und mit Macht kommt bekanntlich auch Verantwortung ... Sinnvoll ist der so genannte Root-Zugriff auch nur in den seltensten Fällen, etwa wenn Sie unbedingt alle Google-Apps auf dem Gerät zum Laufen bekommen wollen (was wegen des fehlenden GPS-Moduls sowieso nicht zu 100 Prozent gelingen kann).

Das Verfahren ist auf dieser Seite beschrieben:
http://forum.xda-developers.com/showthread.php?t=1893838

Dass ich den Vorgang hier nicht ausführlich erkläre, ist Absicht: Wenn Sie sich an das Rooten wagen wollen, sollten Sie ein Mindestmaß an Vertrautheit im Umgang mit dem Computer mitbringen. Und ohne Englisch-Kenntnisse kommen Sie dann ebenfalls nicht aus.

Keine Angst brauchen Sie übrigens vor Garantieverlust zu haben. Die Gewährleistung ist EU-weit gesetzlich geregelt, sie ist nicht per AGB auszuhebeln, also über das Kleingedruckte, und sie gilt auch, wenn Sie die Software Ihres Fire HD verändert haben. Siehe dazu dieser Artikel *(http://matija.suklje.name/rooting-and-flashing-your-device-does-not-void-the-warranty-in-eu)*.

Register

1961318R00060

Printed in Germany
by Amazon Distribution
GmbH, Leipzig